思考力・判断力・表現力が身につく

共通テスト
王道の
勉強法

新野 元基［ 著者］

伊東 敦・安達 雄大・磯村 義高

太田 信頼・木本 祐介・山口 良二・

*この本は，2020 年 9 月時点での情報にもとづいて執筆　、
学共通テスト（以下，「共通テスト」）に関する情報は随時変更され　性
がありますので，最新の情報については，文部科学省，もしくは大学入試セ
ンターからの発表に準じてください。

*この本での共通テストの分析は，大学入試センター試験（「センター試験」）と，
共通テストの試行調査の結果にもとづいています。2021 年以降実施の共通テ
ストの情報は反映されていませんが，勉強法の内容については問題なく使え
ます。

KADOKAWA

はじめに

この本は，2021 年から始まる大学入学共通テストの概要と勉強法について，**ほぼすべての教科・科目の情報を 1 冊にまとめた決定版**です。これから共通テストに挑《いど》む高校生・受験生や，保護者，学校・教育関係者が，「共通テストはどんな試験？」「共通テスト対策はどうすればいいの？」と思ったときは，とりあえずこの本を読んでみてください。どの教科・科目についても，共通テスト対策の「バイブル」となることでしょう。

この数年間，とくに共通テストを受験する高校生や保護者は，錯《さく》綜《そう》する情報に翻弄《ほんろう》されてきたのではないでしょうか。1990 年から始まった大学入試センター試験を改めようという議論は，2013 年の教育再生実行会議第四次提言から本格化していきました。しかし，2017 年にセンター試験に代わる共通テストの実施方針がまとめられるまでにはさまざまな経緯があり，実施方針が発表されたあとでさえ多くの批判が出ました。大きな話題になったところでは，実施方針の中に明記されていた英語の民間試験活用と国語・数学の記述問題導入が 2019 年になって見送りになったことがあげられます。

大学入試改革が迷走した結果，共通テストがどんな試験になるのかに関する情報も混乱しています。しかし，受験生や，その受験生を指導する側にとって大切なことは，「入試がどうあるべきか」「問題が妥当かどうか」よりも，**「どんな問題が出題されるのか」「どんな勉強が求められているのか」という観点**だと思います。その観点から，この本は，2017 年と 2018 年に行なわれた共通テスト第 1 回・第 2 回試行調査を徹底的に分析し，受験生やその指導者が知っておくべきことを整理しました。

「第 1 章」では，共通テストが誕生した背景からそのねらいとあるべき学習姿勢を**総論**として述べ，「第 2 章」では**各論**として教科・科目別の概要と対策をまとめています。こういった構成をとったのは，共通テストがある目的をもって導入される以上は全教科・科目に共通する観点があり，それを知ったうえで各科目の対策をとるのが効率的であると考えたからです。
「第２章」で扱う科目別の勉強法は，**予備校で数多くの生徒を直接に指導している講師陣が執筆**しています。私たち予備校講師にとっては，さまざまな学校に通っている生徒が学習しているようすに触れ，その悩みを感じ取って対処してきたという経験はかけがえのないものです。この「現場感」が，入試問題を分析することや，自分自身の指導法を更新することにつながっています。実際に教壇に立って多くの生徒を直接見てきた指導経験豊富な予備校講師が執筆することによって，本書は受験生となる読者にとって**リアルで有益な情報**を提供できていると確信しています。

受験生にとっては，共通テストに関する情報はこの本で十分です。あれこれ悩む必要はありません。この本を読んで何をどうすればよいかがわかったら，さっそく学習にとりかかってください。この本をきっかけに正しい姿勢で学習に取り組み，共通テストという新しい壁を無事に乗り越えることを祈っています。

最後になりますが，この本を企画し，迷走する議論にも心折れず編集していただいた㈱KADOKAWAの山川徹さんに，この場を借りてお礼申し上げます。

編著者として
新野《しんの》　元基《もとき》

思考力・判断力・表現力が身につく

共通テスト 王道の勉強法 もくじ

*「第 11 節」「第 12 節」は，縦書きです。この 2 節分は，見開き右ページから左ページの順に読んでください。

この本の執筆者

＊この本は「節」ごとの共著です。

第1章　共通テストの概要

第❶〜❸節：新野《しんの》　元基《もとき》

東京大学文学部卒業。大学在学時から始めた塾講師のアルバイトが高じて，そのまま大手進学塾で高校入試の責任者を務めるまでになる。大規模な合宿やセミナーなどの企画運営を長年担当するかたわら，大学卒業後は大学入試の英語の指導も開始。現在は，河合塾講師・受験コンサルタント。河合塾ではおもに東大・京大・一橋大クラスを担当し，模試作成や教材作成にも携わる。

第2章　科目別の勉強法

第❶・❷節：新野　元基

第❸節：伊東《いとう》　敦《あつし》

河合塾講師。東京都出身。「全統模試」の作成メンバーであり，共通テストに対応した模試の作成にも携わる。河合塾では，おもに東大・一橋大・医学部クラスを担当し，上位生から「問題を解くときの視点の定め方がわかった」と，絶大な支持を受けている。

第❹節：玉虫《たまむし》　良明《よしあき》

東北大学理学部卒。公立高校教諭をへて，現在は河合塾物理科講師。首都圏の医学部専門予備校への出講経験もあり。難関大模試，全国マーク模試の作成と監修を数多く担当。一貫した解法による指導によって，難関大クラス，医学部クラスから国公立大・私立大理系クラスまで幅広い支持を得ている。

第5節：樹葉《きば》　瑛士《えいじ》

駿台予備学校，河合塾，東進ハイスクール・東進衛星予備校化学科講師。東大クラスからベーシッククラスまでのさまざまなクラスを担当。検定教科書（東京書籍）の作成や，東大模試・全国記述模試などの作成にも携わる。著書に『大学入試でネラわれる　化学基礎・化学 超頻出テーマ99』（KADOKAWA）などがある。

第6節：太田《おおた》　信頼《しんらい》

駿台予備学校生物科講師。横浜市立大学大学院修了。ウイルスの研究者をへて予備校講師となる。多くの模試・テキストの作成や共通テスト対策の業務に携わる。執筆実績に，『共通テスト対策問題集』『東大入試詳解25年生物』「青パック」「パックV」（以上，共著。駿台文庫）や，『大学入試　全レベル問題集　生物２　共通テストレベル』（旺文社）がある。また，『全国大学入試問題正解　生物』（旺文社）の解答者も務める。

第7節：木本《きもと》　祐介《ゆうすけ》

四谷学院講師。社会人生活をへて，日本史講師に転身。国公立大対策から私立大対策まで幅広いクラスの講義を担当。また，共通テスト用をはじめ，多くのテキスト編集も担当。

第8節：山口《やまぐち》　良二《りょうじ》

1979年，鹿児島県生まれ。東京都立大学大学院人文科学研究科修士課程修了。専門は古代ギリシア語・ラテン語で書かれた文献を研究対象とする西洋古典学。校舎運営スタッフとして予備校業界の門をたたき，その後，世界史講師に転身。現在は，ベネッセお茶の水ゼミナール・河合塾で教壇に立つ。

語《ご》呂《ろ》合わせをいっさい使用せず，各事象の因果関係や歴史的意義を重視した講義は，国公立大・難関私立大志望者を中心に高い評価を受けている。近年では，共通テストに加え，東大・一橋大・早慶大模試の作成，『角川パーフェクト過去問シリーズ　大学入試徹底解説　明治大学　全学部統一入試』(KADOKAWA)の執筆を担当するなど，執筆活動にも活躍の場を広げている。

第9節：松本《まつもと》　聡《さとる》

河合塾講師。大学（地理学専攻）卒業後，GIS（地理情報システム）関連企業に勤め，統計の扱いなどを学ぶ。その後，教職に転じ，高等学校で講師を務めながら，2002年より現職。名古屋など中部地区を中心に共通テスト対策，東大対策や教員研修プログラムなど，幅広い層の指導を担当。入試分析力にすぐれ，「全統共通テスト模試」など多くの模試・教材の作成を担当し，「信頼できる仕事ぶりで地理にたいする思いも熱い」と，ほかの講師からの人望も厚い。多忙だが，模試・教材などの作成のためチェコのブルノへ脱出を試みるテレワークの実践者。著書に，『分野別，難易度つきセンター地理B』（河合出版），『地理用語完全解説G』（共著，河合出版），『一問一答　地理Bターゲット2200』『松本聡の地理教室』（以上，旺文社）などがある。

第10節：佐々木《ささき》　洋一郎《よういちろう》

河合塾公民科講師。早稲田大学政治経済学部政治学科を卒業後，同大学の大学院政治学研究科政治学専攻修士課程を修了。現在，河合塾では共通テスト対策の「倫理，政治・経済」の講座をはじめとして，国公立大２次・私立大対策の「政治・経済」など，幅広い講座を担当。共通テストに対応した模擬試験や教材の作成にも携わる。また，河合塾だけでなく有名進学校でも教壇に立ち，アクティブラーニング型授業に力を入れる。趣味は筋トレで，目標はベンチプレス120kg。

第11節：安達《あだち》　雄大《ゆうた》

1978年，岐阜県生まれ。名古屋大学文学研究科修士課程修了。河合塾現代文科講師。「河合塾マナビス」で映像授業を担当し，河合塾主催模試の作成に携わるかたわら，東海地方各地の予備校では小論文の指導を担当。受験生が問題を解いているときの「リアリティ」を重視しつつ，きれいに整えられた正解ルートを提示するだけでなく，問題を解く過程において間違えたり行き詰まったりするようすまで再現していく授業スタンスは，受験生から高い支持を得ている。著書に，『安達雄大の　ゼロから始める現代文』（KADOKAWA），『大学入学共通テスト　安達雄大　現代文講義の実況中継』『何が書けたら「小論文」なの？』（以上，語学春秋社）がある。

第12節：磯村《いそむら》　義高《よしたか》

1973年，東京都生まれ。早稲田大学第一文学部卒。大学在学中から多くの指導経験を積み，現在はベネッセお茶の水ゼミナール・河合塾講師。個性的な風貌と語り口ながら，本格派の授業内容で幅広い層からの支持を集める。また，教材・模擬試験などの作成にも多数携わっており，その教材は早稲田大入試などに何度も的中している。

✧この本について

- この本は，2020年9月時点での情報にもとづいて執筆されています。共通テストに関する情報は随時変更される可能性がありますので，最新の情報については，文部科学省，もしくは大学入試センターからの発表に準じてください。
- 2017年に第1回，2018年に第2回が実施された「モデル問題が提示され，希望する高校などが参加して実施された共通テストのプレテスト」の表記は，この本では「試行調査」に統一しています。
- この本に記載されている文部科学省，ならびに大学入試センターから発表された情報や入試問題の表記は原文どおりとしています。
- 試行調査，およびセンター試験の問題をいくつか掲載していますが，必ずしも問題の解説を行なっているとは限りません。
- KADOKAWAのオフィシャルサイトから，この本に収録されていない「特典　英語・民間試験の勉強法」の内容が見られます。以下のURLからPDFファイルをダウンロードしてください。

  https://www.kadokawa.co.jp/product/321906000706/

  ID：kyotsutest

  パスワード：tokuten-eigo/minkanshiken/benkyoho2021
- 上記のURLには，パソコンからアクセスしてください。携帯電話・スマートフォン・タブレット端末からはダウンロードできませんので，ご注意ください。
- この本の想定読者は，❶ 2021年以降の共通テスト受験者，❷ 保護者，❸ 教育関係者，❹ 教育に興味のある大学生・社会人などです。

第 1 章

共通テストの概要

2回実施された試行調査問題をみて，「ムズカしい……」と思った人がいるかもしれません。しかし，その問題が出題される背景を知れば，攻略の糸口が見つかるはずです。

第1節

共通テストはセンター試験とどうちがうか

——新野　元基（河合塾講師・受験コンサルタント）

大学入試センター試験に代わる大学入学共通テストは「高大接続改革」の一環。高大接続改革の目的を知ることが，共通テストの対策にもつながります。

センター試験に代わって登場する共通テストとは何か

紆《う》余《よ》曲折《きょくせつ》をへながらも，従来の大学入試センター試験（以下，「センター試験」）に代わって2021年から大学入学共通テスト（以下，「共通テスト」）が始まります。共通テストは，センター試験と同じように1月中旬の2日間で行なわれ，国公立大志望者にとっては一般選抜の1次試験として利用されるため必須であり，私立大の入試の一部でも利用されます。高校で学ぶ，実技を除くほとんどの教科（6教科30科目）が試験科目となっていて，国公立大の多くではセンター試験と同じ科目の受験が求められます。

このように述べると，共通テストはセンター試験の名称を変えただけのような印象を受けるかもしれません。実際，2019年11月に英語民間試験の活用の延期，2019年12月に数学・国語における記述式問題導入の見送りが相ついで発表され，共通テストの目玉といえる2つの柱が消えることになりました。このため，共通テストは「センター試験の看板の書き換えだ」と考えている人も少なくないようです。しかし，**英語の民間試験と数学・国語の記述式問題がなくなり，従来どおりマーク式のみの試験となっても，共通テストはやはり従来のセンター試験とは異なる新しい試験**だといえるでしょう。

それを示唆するのが，2017年11月と2018年11月に行なわれた試行調査（プレテスト）です。**試行調査とは，共通テストを実施するにあたりこんな問題を出しますよという実例を提示しつつ，成績の分**

布や正答率などをみて本番の試験でよりよい問題を作成するための資料となるものです。受験する側や指導する側にとっては，共通テスト問題がどうなるかを推し量るために最も参考にすべき資料です。

ここで提示された問題は，マーク式の部分に限っても，その形式，問われている力ともにセンター試験から大きく変化しています。こうした変化は，なぜセンター試験を共通テストに変えるのかという制度改革の目的と直接かかわるものなのです。

共通テストは，高校教育と大学教育，そしてそれらをつなぐ大学入学者選抜に関する一連の見直し，いわゆる「**高大接続改革**」の中で生まれました。つまり，この改革の中で議論されてきた，従来の大学入試の課題を解決するための1つの答えが共通テストの誕生なのです。共通テストはどんな力を測ろうとしているのか，それにたいして受験生はどう取り組むべきかを考えるためのかぎは高大接続改革の議論にあるといっても過言ではありません。

高大接続改革で語られてきた大学入学者選抜の課題

現在進んでいる高大接続改革の議論は，2013年10月にまとめられた教育再生実行会議の「高校教育と大学教育との接続・大学入学者選抜の在り方について（第四次提言）」がベースになっており，センター試験の廃止はここで初めて言及されました。この提言の中では，センター試験について，

> 現在の大学入試センター試験は，難問奇問を排除した良質の問題を提供し，各大学が実施する試験との組み合わせによる大学入学者選抜の個性化・多様化を促進している一方で，1点刻みの合否判定を助長している，試験結果が志願先の選択に直結するため受験生にとって大きな心理的圧迫になっているなどの課題があるとも指摘されています。併せて6教科・29科目という多数の出題科目の準備や約55万人が同時に受験するための運営に係る負担が増大し，限界に達しているとの指摘もあります。

と述べ，新たに「**達成度テスト（基礎レベル）**」と「**達成度テスト（発展レベル）**」の導入を提案していました。前者はおもに推薦入試やAO入試（現在の学校推薦型選抜・総合型選抜）の対象者が高校の基礎的内容の達成度を判定するため，後者は大学が求める学力水準の達成度を判定するための試験だとされ，いずれも年複数回の実施と，1点刻みではない判定方法が検討されていました。

これを受けた2014年12月の中央教育審議会の答申である「新しい時代にふさわしい高大接続の実現に向けた高校教育，大学教育，大学入学者選抜の一体的改革について」では，新たに「学力の3要素」という観点から高大接続改革の考え方が示唆されています。この答申の中では，現在の大学入学者選抜の課題について次のように述べられていました。

> 課題として浮かび上がってくることは，高校においては，小・中学校にくらべ知識伝達型の授業に留まる傾向があり，学力の3要素を踏まえた指導が浸透していないことである。ここには，一般入試においては，一斉かつ画一的な条件で実施される試験で，あらかじめ設定された正答に関する知識の再生を一点刻みに問い，その結果の点数で選抜する評価から転換し切れていないこと，またAO入試，推薦入試の多くが本来の趣旨・目的に沿ったものとなっておらず，単なる入学者数確保の手段となってしまっていることなど，現行の多くの大学入学者選抜における学力評価が，学力の3要素に対応したものとなっていないことが大きく影響していると考えられる。

この中で繰り返し述べられている「**学力の3要素**」とは，2007年に，学校教育法の中で，それまでの「ゆとり」か「つめこみ」かの二項対立的な教育論を乗り越え，たしかな学力の構成要素として規定されたものです。この答申の中では，「❶基礎的な知識・技能」「❷思考力・判断力・表現力等の能力」「❸主体性・多様性・協働性」を学力の3要素として提示しています。

この学力の3要素については「第1章　第2節」でもくわしくみていきますが，2013年の提言と2014年の答申からみえる今回の大学入試改革の背景をひと言で表すと，**変革する社会で必要な学力の3要素に対応していない入試を変えることによって高校の授業も変えていこう**，というものです。というのも，共通テストは，6教科30科目のすべての教科で1点刻みの得点が出されその得点をもとに国公立大への出願を行う約50万人が受験する試験であることに結局は変わりがなく，先にあげた2013年10月の教育再生実行会議の第四次提言で述べられた「センター試験の問題点」が，そのまま何も変わっていないからです。つまり，共通テストは，2013年の教育再生実行会議の第四次提言で述べられた改善策として登場するのではなく，2014年の中央教育審議会の答申で述べられた問題点にたいする改善策として登場しているといえるでしょう。

では，これまでのセンター試験は，ほんとうに学力の3要素に対応していなかったのでしょうか。

教育再生実行会議自体が認めるとおり，従来のセンター試験も難問・奇問を出題せず，高校で学んできた基本的な知識の理解度を測ることを目的として実施されていたので，学力の3要素のうち「❶ 基礎的な知識・技能」については十分に対応していたと考えられます。また，「❸ 主体性・多様性・協働性」については，面接や集団討論，あるいはこれまでの高校での取り組みをまとめた調査書やポートフォリオ（高校で取り組んできたことを自分でまとめた資料）といった方法で評価すべきことであって，共通テストという一斉《いっせい》のペーパーテストで評価することは不向きでしょう。したがって，**一連の改革の主眼は，「❷ 思考力・判断力・表現力等の能力」を的確に判定できる試験に変えること**にあるといえます。

これは，今回の高大接続改革の推移をみるとさらによくわかります。2014年の答申では「現行の大学入試センター試験を廃止し，大学で学ぶための力のうち，とくに『思考力・判断力・表現力』を中心に評価する新テスト『大学入学志望者学力評価テスト（仮称）』を導入し，各大学の活用を推進する。」とされ，新しいテストのあり方を以下のように提言しています。

❶ 知識・技能を活用して，みずから課題を発見し，その解決に向けて探究し，成果等を表現するために必要な思考力・判断力・表現力等の能力を中心に評価する
❷ 解答方式は多肢選択式だけでなく記述式を導入する
❸ 英語については四技能を評価するため民間試験を活用する
❹ 多くの大学で活用できるよう，広範囲の難易度とする。とくに，選抜性の高い大学が入学者選抜の評価の一部として十分活用できる水準の，高難度の出題を含むものとする
❺「1点刻み」の評価ではなく，段階別表示による成績提供を行う
❻ 教科型に加えて合教科･科目型，総合型を出題し，将来的には合教科･科目型，総合型のみを目指す
❼ 資格試験的利用を促進するために年複数回実施する

具体的な新テストの方針は，その後の高大接続システム改革会議の最終報告（2016年3月）と，高大接続改革の実施方針（2017年7月）の中で固まりましたが，正式に「大学入学共通テスト」という名称で実施されることを発表した2017年の実施方針の段階では，以上の7点のうち❶～❸（国語の記述式問題についてのみ❺も）だけが残りました。❹の「高難度の出題」という点は，教育再生実行会議の第四次提言の段階では「達成度テスト（基礎）」とよばれていた試験を，「高校生のための学びの基礎診断」として実施するものの，入試では活用しないことになったため，基礎部分についても共通テストで対応する必要が生じたことから方針からはずれています。

ところが，最初に述べたように，英語の民間試験も数学・国語の記述式問題も見送られたので，結局，この7つの「新しいテストのあり方」のうち，残っているのは❶だけになったのです。センター試験が共通テストに変わるのは思考力・判断力・表現力を重視するため（に結果的になった）ということが，その経緯からよくわかりますね。

実施方針から見える共通テストのねらい

こういった経緯から誕生した共通テストの実施方針は，大学入試センターから発表されています。センター試験でも同様の方針があるので，この2つをくらべてみることでここまでの話を整理していきましょう。

センター試験（2020年） 実施の趣旨等	共通テスト（2021年） 問題作成の基本的な考え方
大学入試センター試験は，大学に入学を志願する者の高校の段階における基礎的な学習の達成の程度を判定することを主たる目的とするものであり，国公私立の大学〔中略〕が，それぞれの判断と創意工夫に基づき適切に利用することにより，大学教育を受けるにふさわしい能力・意欲・適性等を多面的・総合的に評価・判定することに資するために実施するものとする。	大学入学共通テストは，大学〔中略〕への入学志願者を対象に，高等学校〔中略〕の段階における基礎的な学習の達成の程度を判定し，大学教育を受けるために必要な能力について把握することを目的としている。このことを踏まえ，共通テストの問題は，以下を基本的な考え方として作成する。 ❶ 大学入試センター試験における問題評価・改善の蓄積を生かしつつ，共通テストで問いたい力を明確にした問題作成 ❷ 高等学校教育の成果として身に付けた，大学教育の基礎力となる知識・技能や思考力，判断力，表現力を問う問題作成 ❸ 「どのように学ぶか」を踏まえた問題の場面設定

冒頭の部分の記述については，どちらの試験もほとんど変わりません。また，共通テストの「基本的な考え方」の❶についても，センター試験のこれまでの実施経験をいかしますといっているだけなので，大きなちがいではありません。❷の前段部分にある「高等学校教育の成

果として身に付けた，大学教育の基礎力となる知識・技能」も，学力の 3 要素でいえば「基礎的な知識・技能」にあたり，これはセンター試験でも「高校の段階における基礎的な学習」と同じです。つまり，センター試験と共通テストのちがいは，❷の後段にある「思考力・判断力・表現力」を問うという点と，❸の部分です。前者についてはここまでに話してきましたが，❸にある「『どのように学ぶか』を踏まえた問題の場面設定」とはなんのことでしょうか。

「アクティブラーニング」の手法をテストの中で再現

共通テスト試行調査の各教科の問題をみると，ほとんどが資料や長い問題文を読みながら解答する問題だとわかります。これは，先に述べた「思考力・判断力」を問うという姿勢のあらわれでしょう。

ただ，もう一つおもしろいのは，**ただ資料を与えるだけではなく，そこに「場面設定」が与えられていることが多い**という点です。たとえば，第 1 回試行調査の日本史 B は，こんな具合です。

▶第 1 回試行調査（日本史 B）

第 1 問

以下は，18 歳選挙権の話を聞いた生徒たちが，中世までの日本における「会議」や「意思決定」の方法をテーマとして，資料を調査し，発表を行った学習活動の成果である。各班の発表資料を読み，下の問い（**問 1 ～ 5**）に答えよ。

第 2 問

「国の始まり」をテーマとする学習で，鈴木さんは邪馬台国について，山本さんは「日本」という国号について調べた。それぞれの発表資料を読み，下の問い（**問 1 ～ 4**）に答えよ。

第３問

日本史の授業で博物館に行き，「展示資料を一つ選んで，どんなことが分かるか調べてみよう」という課題が出された。次の**A**・**B**について，下の問い（**問1～4**）に答えよ。

第４問

佐藤さんと田中さんは，それぞれ「近世の大名」と「近世の流通」をテーマに学習を進めた。学習に関する文章**A**·**B**を読み，下の問い（**問1～4**）に答えよ。

第５問

高校生の明子さん・太郎さん・武史さんは，江戸時代末期から明治時代にかけての勉強をしている。その学習で使った**A**·**B**の資料と会話文を読み，下の問い（**問1～5**）に答えよ。

第６問

明治時代から第二次世界大戦後にかけての日本の経済・社会に関する**A**～**C**の文章や資料を読み，下の問い（**問1～8**）に答えよ。

なんと，第6問を除くすべての問題が，**調べ学習やプレゼンテーションなど，ふだんの学校の授業や課題の中で行なわれるような取り組みとからめて出題されている**ことがわかりますね。

これは，文系科目だけでなく，数学や理科などの理系科目でも同様です。たとえば，以下のように数学Ⅰ・Aの問題では，大問5題中4問に「太郎くん」と「花子さん」という2人の架空の生徒が登場し，次のような会話を繰り広げます。

▶第2回試行調査〔数学Ⅰ・A〕（第5問／(2)）

太郎さんと花子さんは**問題2**について，次のような会話をしている。

花子：**問題1**で証明したことは，二つの線分BXとCXの長さの和を一つの線分AXの長さに置き換えられるってことだよね。

太郎：例えば，次の図の三角形PQRで辺PQを1辺とする正三角形をかいてみたらどうかな。ただし，辺 QR を最も長い辺とするよ。辺 PQ に関して点 R とは反対側に点 S をとって，正三角形 PSQ をかき，その外接円をかいてみようよ。

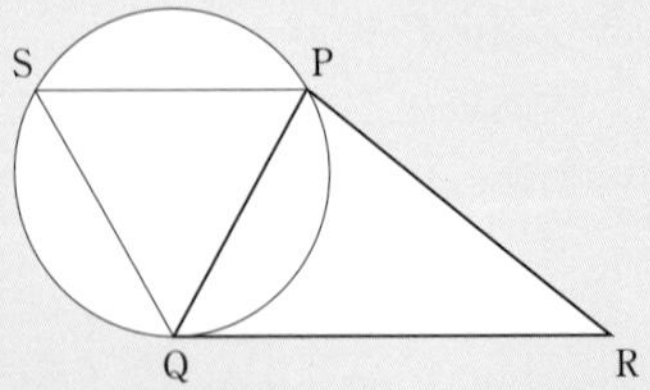

花子：正三角形 PSQ の外接円の弧 PQ 上に点 T をとると，PT と QT の長さの和は線分 □ の長さに置き換えられるから，
PT + QT + RT = □ + RT になるね。

入試問題を解くという観点からは，プレゼンテーションや議論といった授業内外でのこのようなやり取りをテストの紙面上で再現する必要ないでしょう。まして，会話主の具体的な名前の設定などは不必要です。各教科の知識・技能を問うことを重視すれば，時間ばかりかかって迂遠《うえん》とさえいえます。また，思考力・判断力・表現力を問うのであれば，資料などの読み取りを含めた問題を提示すればよく，場面や登場人物を設定することが不可欠なものであるとは必ずしもいえません。こういった問題が各教科で共通して出題される背景には，先に述べた方針の中の「『どのように学ぶか』を踏まえた問題の場面設定」があります。この部分をもう少しくわしくみると，問題作成方針ではこのように述べられています。

高等学校における「主体的・対話的で深い学び」の実現に向けた授業改善のメッセージ性も考慮し，授業において生徒が学習する場面や，社会生活や日常生活の中から課題を発見し解決方法を構想する場面，資料やデータ等を基に考察する場面など，学習の過程を意識した問題の場面設定を重視する。

これを読むと，授業や日常の課題解決といった**学びのプロセスをテストの中で意図的に再現している主目的は，それらを入試問題中で示すことによって高校の授業の改善につなぐ**ことだとわかります。2014年の中央教育審議会の答申で述べられた，**大学入試を変えることによって高校での学びを変える**，という方針が残っているのです。

先生が一方的に話し生徒が受動的に授業を聴くのではなく，生徒が主体的に学ぶようにするという「主体的･対話的で深い学び」は，「**アクティブラーニング**」とよばれるかたちですでに学校現場に浸透しています。これを読んでいる高校生のみなさんも，ふだんの授業でペアワークやグループワークをしていると思いますが，これはまさにアクティブラーニングが推進された結果だといえるでしょう。同じことが入試にも入ってきているのですね。

大学入試問題の中に高校の授業改善へのメッセージを込めることの是非については，ここでは述べません。とりあえず，共通テストを受験するみなさんにとっては，この点はあまり意識しなくてよい部分です。それは，どんな知識が必要でどんな学力が求められているかという，入試に対応するために考慮すべき観点とはほとんど関係がないからです。ただ，**やり取りが長くなるため読む量が多くなる**ことだけは間違いありませんし，高校での学習へのふだんからの取り組みが反映されやすいともいえるかもしれません。

英語だけは別の視点での変更

さて，ここまで述べてきた共通テストの新しい観点とは必ずしも一致しない方向で変化が生じた教科が1つあります。それが英語です。くわしくは「第2章」で紹介する各科目別の勉強法で触れますが，作成方針の中では，

> 高等学校学習指導要領では，外国語の音声や語彙，表現，文法，言語の働きなどの知識を，実際のコミュニケーションにおいて，目的や場面，状況などに応じて適切に活用できる技能を身に付けるようにすることを目標としていることを踏まえて，4技能のうち『読むこと』『聞くこと』の中でこれらの知識が活用できるかを評価する。したがって，発音，アクセント，語句整序などを単独で問う問題は作成しないこととする。

と述べられ，文法問題や音声問題など多様な問題が出されてきたセンター試験の英語［筆記］がリーディングに特化した形式に変更されることになりました。これは，民間試験活用の延期が発表されたのちにも変更されていません。

センター試験の英語［筆記］は，英語の先生のあいだで評価が高かったと思います。私も，4月に浪人生のクラスが始まり，英語の学習の相談を受けたときはたいてい，「ことしのセンター試験は何点だったの？」と聞いていました。それは，センター試験の得点を聞けばその生徒の英語力がある程度わかるという前提があるからです。センター試験では，音声・文法といった知識面だけでなく，文章の論理展開を考えて不要文を選択する問題や，あとに続く内容を推測する問題など，思考力・判断力につながる問題が以前から出ていました。しかし，共通テストに変わるとこれらの問題はすべてなくなる予定なので，英語についてはむしろ思考力・判断力を問う試験から後退したようにもみえます。

2014年の中央教育審議会の答申で，

> グローバル化の進展の中で，言語や文化が異なる人々と主体的に協働していくためには，国際共通語である英語の能力を，真に使える形で身に付けることが必要であり，単に受け身で『読むこと』『聞くこと』ができるというだけではなく，積極的に英語の技能を活用し，主体的に考えを表現することができるよう，『書くこと』『話すこと』も含めた四技能を総合的に育成・評価することが重要である。

と述べ，ライティングやスピーキングの力を試すために民間試験の活用を提言しています。つまり，**英語については**，学力の3要素という，ほかの教科にも当てはまる大前提以前に，**話せて書ける力の育成につながるような大学入試に変え，高校の英語教育もその方向に導きたいという思いが文科省に強い**のです。

もともと，共通テストでは英語の試験をいっさい行なわず，2021年の共通テスト導入時点から民間試験だけにするというプランもありましたが，いったんは共通テストと民間試験を併用し，将来的には民間試験に一本化するという案にまとまったのです。このため，共通テストの英語は民間試験に一本化されるまでの移行期間中のいわば暫定《ざんてい》的《てき》な出題であり，結果的に**センター試験・英語［筆記］にくらべると多様性のない，必要最低限の力を問う試験になっている**のです。また，英語4技能を均等に学ぶべきであるという方針から，リーディングとリスニングの配点も従来の200：50から100：100に変更され，リスニング重視が鮮明になりました。

2019年11月に民間試験の活用延期が発表され，新たな議論が始まりましたが，今後も英語については別枠でさまざまな変更が生じると予想されます。

第2節

共通テストではどんな学力が求められるか

――新野　元基（河合塾講師・受験コンサルタント）

共通テストの最大の特徴である「思考力・判断力・表現力」とはどんな力なのでしょうか。じつは，みなさんは，これまでの入試ですでにその力を試されてきたのです。

共通テストで問われるのは「思考力・判断力・表現力」

「第1章　第1節」で述べたように，共通テストとセンター試験の最も大きなちがいは，「思考力・判断力・表現力」を前面に打ちだしている点です。では，それは具体的にどのような学力なのでしょうか。ここではその点についてくわしく考えていきたいと思います。

思考力・判断力・表現力は，2007年に，学校教育法の中で，それまでの「ゆとり」か「つめこみ」かの二項対立的な教育論を乗り越え，確かな学力の構成要素として規定された「学力の3要素」，つまり「❶基礎的な知識･技能」「❷思考力･判断力･表現力等の能力」「❸主体性・多様性・協働性」のうちの一つです。2008年に改訂された学習指導要領（共通テスト実施時点での学習指導要領）では，学校教育の中で育成すべき「知」について，「基礎的な知識・技能を習得し，それらを活用して，みずから考え，判断し，表現することにより，さまざまな問題に積極的に対応し，解決する力」と定義しています。思考力・判断力・表現力の意味はこの表現に集約されているといってよいでしょう。

高大接続システム改革会議の最終報告の中でも，共通テストで問うべき能力については，以下のように述べられています。

❶　内容に関する十分な知識と本質的な理解を基に問題を主体的に発見・定義し，
❷　様々な情報を統合し構造化しながら問題解決に向けて主体的に思考・

判断し，
❸ そのプロセスや結果について主体的に表現したり実行したりする

たとえば，日本史Bの問題を考えてみましょう。「関ヶ原の戦いに勝利して江戸幕府を開いた人物はだれか」という短答式問題であれば，問われていることは明確であり，答えは1つに決まります。記述式問題であっても，「江戸幕府が諸大名に参勤交代を命じたのはなぜか」というような聞き方であれば問われていることはやはり明確であり，受験者に知識があれば問題なく解答することができます。これらの問いかけは，短答式か記述式かの形式のちがいを問わず知識の有無を試す問題でしかなく，先に定義されたような能力，つまり，思考力・判断力・表現力を問うているとはいえないでしょう。

しかし，史料が与えられ，それを読み取って何がわかるかという問いかけ方であればどうでしょうか。この場合は，背景知識にもとづいて史料の中で述べられている問題をみずから認識して課題を発見するという力が問われることになります。1つの設問中で複数の史料が提示されれば，❷で述べられたようなさまざまな情報の統合・構造化も試されます。

共通テストが評価しようとする思考力・判断力・表現力とは，このような問題を発見し，その問題解決に向けて思考する能力です。共通テストでは，この能力を問うために資料や議論を読みとることを求める問題，とくに**複数の資料が同時に提示される問題が数多く出る**ことになります。

共通テストと密接に関連するPISA調査

こういった「新しい学力観」が登場した背景には，「ゆとり」か「つめこみ」かといった国内の教育をめぐる議論だけでなく，諸外国の生徒との比較も背景にあります。その1つの事例が，2000年から始まった「OECD生徒の学習到達度調査」，いわゆるPISA（Programme for International Student Assessment）です。

この調査は，OECD 加盟国の 15 歳の生徒（日本では高校 1 年生に該当）を対象として各国で共通の問題を解かせ，その学習到達度を測定するものです。2008 年の学習指導要領改訂直後に行なわれた 2009 年の調査では，諸外国とくらべ，日本の生徒について「読解力は，必要な情報を見つけ出し取り出すことは得意だが，それらの関係性を理解して解釈したり，自らの知識や経験と結び付けたりすることがやや苦手である」という分析結果が示され，「これらの課題に対応するため，文部科学省としては，来年度以降全面実施される新学習指導要領により思考力・判断力・表現力の育成に努める」という，当時の文部科学大臣のコメントが発表されています。つまり，「思考力・判断力・表現力」を含む新しい学力の向上に取り組むことによって PISA 調査の得点力も改善されると想定されていたのです。

この調査の問題を少しみてみましょう。この調査では，「読解力」「数学的リテラシー」「科学的リテラシー」という 3 分野の問題があります。以下は，「読解力」の問題の一例です。

▶PISA〔2018 年調査〕（問 3 ／ 7）

ラバヌイ島

下の『文明崩壊』の書評を読んで，下の表の中から，次の問いの答えをクリックしてください。

下の表のそれぞれの文は，書評『文明崩壊』からの抜粋です。これらは事実または意見のどちらですか。「**事実**」または「**意見**」のどちらかをクリックしてください。

下の文は事実または意見のどちらですか。	事実	意見
本書には，自らの選択とそれが環境に与えた影響によって崩壊したいくつかの文明について書かれている。	○	○
中でも最も気がかりな例が，ラバヌイ族である。	○	○
彼らは有名なモアイ像を彫り，身近にあった天然資源を使ってその巨大なモアイ像を島のあちこちに運んでいた。	○	○

1722年にヨーロッパ人が初めてラバヌイ島に上陸した時，モアイ像は残っていたが，森は消滅していた。	○	○
本書は内容がよくまとまっており，環境問題を心配する方にはぜひ読んでいただきたい一冊である。	○	○

書評『文明崩壊』

ジャレド・ダイアモンドの新著『文明崩壊』は，環境破壊による結末についての明らかな警告である。本書には，自らの選択とそれが環境に与えた影響によって崩壊したいくつかの文明について書かれている。本書の中でも最も気がかりな例が，ラバヌイ族である。

著者によると，ラバヌイ島には西暦700年以降にポリネシア系の民族が移住してきたそうだ。おそらく人口15,000人ほどの豊かな社会を築いていたという。彼らは有名なモアイ像を彫り，身近にあった天然資源を使ってその巨大なモアイ像を島のあちこちに運んでいた。1722年にヨーロッパ人が初めてラバヌイ島に上陸した時，モアイ像は残っていたが，森は消滅していた。人口は数千人に減少し，人々は必死で生き延びようとしていた。ダイアモンド氏は，ラバヌイ族の人々は耕作やその他の目的のために土地を切り開き，かつて島に生息していた多種多様な海の生物や地上の鳥を乱獲したと述べている。そして天然資源の減少によって内戦が起こり，ラバヌイ族の社会の崩壊につながったと推測している。

この素晴らしくも恐ろしい著書から学べることは，過去に人間はすべての木を伐採し，生物を絶滅させるまで捕獲したことで，自分たちの環境を破壊するという選択をしていたということだ。楽観的なことに，著者は，現代の私たちは同じ過ちを繰り返さないという選択ができると述べている。本書は内容がよくまとまっており，環境問題を心配する方にはぜひ読んでいただきたい一冊である。

出典：https://www.nier.go.jp/kokusai/pisa/pdf/2018/04_example.pdf
『文明崩壊』（ジャレド・ダイアモンド著，楡井浩一翻訳，草思社文庫）

正解は, 26・27ページから順に「事実」「意見」「事実」「事実」「意見」ですが, 試行調査を解いたことがある人であればどこかでこれと似たような問題に出合った記憶があるのではないでしょうか。そうです, **「事実」「意見」を区別せよという形式は，試行調査・英語［リーディング］でも出題されているのです。**

▶第2回試行調査 （第2問B／問2）

Your team will support the debate topic, "Mobile phone use in school should be limited." In the article, one **opinion** (not a fact) helpful for your team is that [　　　] .

① it is necessary for students to be focused on studying during class
② students should play with their friends between classes
③ the government will introduce a new rule about phone use at school
④ using mobile phones too long may damage students' eyes

もう1問, 2018年のPISA調査の問題をみてみましょう。こちらは, 複数のテキストを読んでその内容を表にまとめるという問題です。この問題も, 試行調査・英語［リーディング］に類似しています。

▶PISA〔2018年調査〕 （問6）

ラパヌイ島

右のタブをクリックすると, それぞれの資料を読むことができます。

二つの説に関して，それぞれの原因とそれらに共通する結果を正しい結果にドラッグ&ドロップして，次の表を完成させてください。

二つの説

原因	結果	提唱者
		ジャレド・ダイアモンド
		カール・リポと デリー・ハント

モアイ像は同じ石切り場で彫られた。	ナンヨウネズミが木の種を食べ，その結果新しい木が育たなかった。	移住者はカヌーを使ってネズミをラバヌイ島に連れてきた。
ラバヌイ島にあった大木が消滅した。	ラバヌイ島の住人は，モアイ像を運ぶために天然資源が必要だった。	人間は動作やその他の理由のために木を切って土地を切り開いた。

サイエンス　ニュース

ラバヌイ島の森を破壊したのはナンヨウネズミか？

科学レポーター　木村　真

2005年，ジャレド・ダイアモンド氏の『文明崩壊』が出版されました。この本の中で，彼はラバヌイ島（別名イースター島）に人が定住した様子を描いています。

本書は出版と同時に大きな議論を呼びました。多くの科学者が，ラバヌイ島で起こったことについてのダイアモンド氏の説に疑問を抱いたのです。科学者たちは，16世紀にヨーロッパ人がその島に初めて上陸した時には巨木が消滅していた点については同意しましたが，消滅した原因についてのジャレド・ダイアモンド氏の説には同意しなかったのです。

そして，二人の科学者カール・リポ氏とテリー・ハント氏による新しい説が発表されました。彼らはナンヨウネズミが木の種を食べたために，新しい木が育たなかったと考えています。そのネズミはラバヌイ島の最初の移住者である人間が上陸するために使ったカヌーに偶然乗っていたか，または，この島に意図的に連れてこられたのだと，彼らは述べています。

ネズミの数は，**47** 日間で二倍に増えるという研究結果があります。それほどの数のネズミが育つには多くのエサが必要です。リポ氏とハント氏はこの説の根拠として，ヤシの実の残骸にネズミがかじった跡が残っている点を指摘しています。もちろん彼らも，ラバヌイ島の森の破壊に人間が加担したことは認めています。しかし，一連の経緯の元凶は主にナンヨウネズミの方にあったというのが，彼らの主張なのです。

出典：https://www.nier.go.jp/kokusai/pisa/pdf/2018/04_example.pdf
『文明崩壊』（ジャレド・ダイアモンド著，楡井浩一翻訳，草思社文庫）

▶第1回試行調査（第5問B）

Complete the notes by filling in 28 to 33 .

Notes

Outline:

Part 1: 28

Part 2: 29

Part 3: 30

Table: Comparing Black and White Pepper

Common points	Differences
31	32

Main points: 33

こうしてみると，共通テストとPISA調査には明らかな類似があるとわかりますね。結局，PISA調査で明らかになった（とされる）日本の生徒の学力の課題を改善するために思考力・判断力・表現力という学力観が強調されるようになり，それを育成するために共通テストが導入されたとすれば，共通テストがPISAに近い問題になるのはある意味では必然であるともいえるでしょう。

中学・高校入試が先行してきた「思考力・判断力・表現力」

このように述べていくと，共通テストの出題が従来とは異なる新しい傾向のようにも見えますが，じつは，中学入試・高校入試・大学入試という3つの入試を敷衍《ふえん》すれば，それほど新しい傾向でもないのです。中学入試や高校入試では，すでにこのような問題が出題されてきたからです。つまり，高校生のみなさんにとって，**思考力・判断力・表現力を試す問題は目新しいものではなく，中学入試や高校入試の機会で実際に取り組んだ経験がある可能性が高い**のです。

その最たる例が，公立中高一貫校の「適性検査」です。2005 年に東京都で初めて公立中高一貫校として白鷗《はくおう》高等学校・附属中学校が設置されてから人気を集めてきた公立中高一貫校受検では，当初から私立中入試とはまったく異なる問題が出ていました。この学校では，国語に近いⅠ，総合問題でほかの都立中高一貫校と共同作成問題となるⅡ，算数に近いⅢという 3 種類の適性検査が出題されます。以下が，それぞれの出題方針です。

❶ 出題の基本方針

(1) 小学校等で学習した内容を基にして，思考・判断・表現する力をみる

(2) 与えられた課題を解決するための，分析・考察する力をみる

(3) 身近な事象の中から課題を発見し，それを解決するための方法を考えることを通して，思考・判断する力や自分の意見を適切に表現する力をみる

❷ 適性検査Ⅰの出題方針

課題を発見し，それを解決する方法について自分の考えや意見を正しく表現し，的確に文章にまとめる力をみる

❸ 適性検査Ⅱの出題方針

資料から情報を読み取り，課題に対して思考・判断する力，論理的に考察・処理する力，的確に表現する力などをみる

❹ 適性検査Ⅲの出題方針

課題に対して数理的な分析を行い，総合的に考察し判断・解決する力をみる

出典：http://hakuo.ed.jp/web/pdf/EntranceExam-J/31BasicPolicy.pdf

どうでしょうか。共通テストと同じように思考力・判断力・表現力を全面に出した出題方針だということがよくわかりますね。実際の問題をみてみましょう。

以下の問題は，東京都共同作成問題の実例です。「太郎」さんと「花子」さんの会話や資料を読みながら問題に答えていくのですが，「太郎」さんと「花子」さんといえば，「第1章　第1節」で取り上げた試行調査数学Ⅰ・Aの問題にも登場して，似たような会話を繰り広げていましたね。

▶2019年度東京都共同作成問題／適性検査Ⅱ (1)

先生，太郎《たろう》さん，花子さんが，学校生活最後のお楽しみ会の準備をしています。

図1　左とじのしおり

先　生：お楽しみ会では，クラスのみなさんでできる遊びを行いましょう。遊び方をしおりにまとめて，クラスのみなさんに配ろうと思います。1枚《まい》の紙の片面《かためん》から左とじのしおり（図1）を作りましょう。

太　郎：1枚の紙の片面からしおりを作ることができるのですか。

花　子：しおりの作り方（図2）によると，1枚の紙を------で折り，を切って，折りたたむと，しおりを作ることができるみたいよ。

図2　しおりの作り方

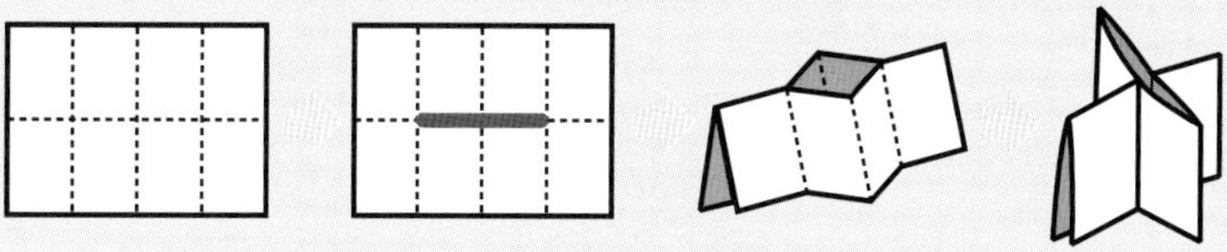

前ページまでに説明した公立中高一貫受検における出題傾向は，大学入試の変更に対応するため最近始まったことではありません。このように，公立中高一貫校では学習指導要領が改訂される2008年以前から，PISA調査で提示された学力観に沿った検査が行なわれていたのです。

これは，公立中高一貫校受検のみの傾向ではありません。高校入試でも，多かれ少なかれ，多くの資料を読み自分が有する基本的な知識と結びつけて判断するという問題が出題されてきました。

以下は，公立高校入試「社会」の出題例です。読者のみなさんも，問題と資料を読み取り，解答を考えてみてください。

▶2019年度神奈川県公立高等学校入学者選抜学力検査問題〔社会〕（問2）

Kさんは，夏休みを利用して福岡県について調べ，**メモ**を作成した。これについて，あとの各問いに答えなさい。

メ　モ

> 明治時代に官営の製鉄所が建設されてから，この地域は，九州北部で産出される石炭を背景に，①日本の工業を支えてきました。その一方で，工場から排出される有害物質により大気は汚染され，水質の悪化も進みました。その後，環境問題に対する関心が高まり，現在では郊外の防止技術が実用化されています。また，全国でも有数の規模の②太陽光発電施設が多く設置されています。

(ア)　――線①に関して，次の**表**は，福岡県の工業における製造品の出荷額を表したもので，すべての工業を三つの類型に分類して示している。また，**グラフ**のうち，AとBは，世界の石炭の産出量に対する主な産出国の割合，または日本の石炭の輸入額に対する主な輸入先の割合のいずれかを表している。これらについて説明した，あとの［　　］中の［あ］，［い］にあてはまるものの組み合わせとして最も適するものを，1～4の中から一つ選び，その番号を答えなさい。

表 （億円）

	1970年	2010年
鉄や石油など産業の基礎素材を製造するもの	11,300	28,300
自動車やテレビなどの加工製品を製造するもの	2,700	34,300
衣食住に関連する製品等を製造するもの	4,600	19,400

（福岡県ウェブサイト掲載資料をもとに作成）

グラフ

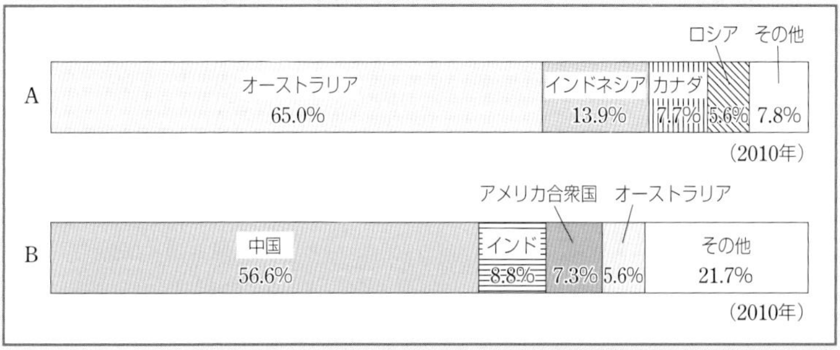

（『数字でみる　日本の100年　改訂第6版』などをもとに作成）

表からは，2010年は，1970年に比べて出荷額の合計に対する鉄や石油など産業の基礎素材を製造するものの割合が［あ］したことがわかる。また，現在の日本は石炭の多くを輸入に頼っており，**グラフ**からは，輸入の50％以上を［い］に依存していることがわかる。

1. あ：増加　い：オーストラリア　2. あ：増加　い：中国
3. あ：減少　い：オーストラリア　4. あ：減少　い：中国

出典：https://www.pref.kanagawa.jp/documents/44431/shakai_zen_mon.pdf

「鉄や石油など産業の基礎素材を製造するもの」の出荷額の合計にたいする割合は，表で与えられた数値から計算で求められますね。1970年は11,300 ÷（11,300 + 2,700 + 4,600）= 0.607……ですが，2010年は28,300 ÷（28,300 + 34,300 + 19,400）= 0.345……ですから，割合は減少しています。

つぎに，日本の石炭輸入額にたいするおもな輸入先の割合がグラフA・Bのどちらかによって示されていますが，与えられた資料からは判断できません。ただし，石炭の輸入先の順位がオーストラリア>インドネシアの順であることは，中学の社会では基礎的な知識に該当します。ですから，資料の年度の差によって3位にちがいはあっても，該当するグラフがAであることがわかります。したがって，正解は3です。資料の読み取りと，基礎的な知識を組み合わせて解答する設問ですね。

こうしていろいろな入試をくらべてみると，共通テストの出題がまったくの新形式ではないことがわかります。むしろ，**中学入試や高校入試を経験した高校生にとっては，これまでに出合ってきたタイプの出題**ですね。

共通テストはセンター試験より難化するのか

先にあげた神奈川県公立高校入試「社会」の問題の正答率は，県全体でわずか21.7%でした。知識としては石炭の輸入相手国を知っているだけでよく，あとは与えられた資料から計算すればよいので，問題としては簡単にみえます。おそらく，「石炭の輸入先で最も多い国はどこか？」という単純な知識問題であれば，正答率ははるかに高かったはずです。ところが，表で与えられたデータの意味と問題文を正しく読みとり，計算が必要だと判断して実際に算出し，与えられた2つのグラフからどちらが正しいかを判断するという形式になっているだけで，正答率が大幅に低下するのです。つまり，この設問は，**「知っていれば解ける問題」ではなく，「知っているだけでは解けない」問題**なのです。これは，必要な知識はまったく同じでも，「思考力・判断力」を必要とする形式になっているだけで難度が高まる可能性があることを示す好例だといえるでしょう。

もちろん，この設問自体は少し意地悪です。表の数字そのものはどれも「増加」していますし，グラフAのオーストラリアは65%，グラフＢの中国は56％ですから，「輸入の50％以上を」と書かれれば，数値の近い中国のほうを選びたくなりますね。しかし，従来の入試でも，たとえば数学で冊子に与えられた図が問題文で与えられた条件からずれていて，見た目にだまされてしまうということはよくありました。ここでも，冷静に問題文を読めば，[あ]で求められているのは「割合」だから計算が必要だとわかります。また，石炭の最大輸入相手国はオーストラリアであるという基礎知識があれば，グラフＡが[い]を埋めるために必要なグラフだと判断できます。まさに，この設問で試されているのは，基礎的な知識を前提とした思考力・判断力なのです。

大学入試に先行するこれらの入試傾向から判断すると，この手の問題は，**上位生にとっては必要な知識が少ない平易な問題にみえるのにたいし，中位以下の生徒にとっては，考えることが増えるためレベルが高いという印象を受ける**ようです。**たんなる知識問題よりも上位と中位以下の生徒で差がつきやすくなる**，といってもよいと思います。

「思考力・判断力・表現力」を身につけるために

中学入試や高校入試の問題例をみていくと，共通テストはとても難しいものになるように思うかもしれません。しかし，一方で，共通テストには，センター試験と同様，高校で学んだ基礎的な知識の習得度を問うという性質も残っています。また，中学入試や高校入試とは異なり，記述式問題がいっさい出題されないという点もセンター試験と変わりません。したがって，「思考力・判断力・表現力」を問おうとしても，出題の形式にはどうしても制約が出てきます。ですから，「第１章　第３節」でくわしく話すように，**高校でのふだんどおりの学びを大切にしながら基礎知識の習得に励んでいけば，出題形式の変化を過度に恐れることはない**というのが私の見解です。

最も気をつけなければならないのは，先ほど例にあげた「社会」のように，**問題文をしっかり読まないと解けない，あるいはていねいに読みさえすれば解ける問題が解けなかった人たち**です。中学入試や高校入試でできていなかったことが大学入試で突然できるようにはなりません。これまでこういう問題が苦手だった人は，共通テストでもやはり点数はとれないでしょう。

すぐにできる対策は，**どんな問題であれ問題文をしっかり最後まで読むように心がけること**です。当たり前のことに聞こえるかもしれませんが，じつは，こういう傾向の人は，いわゆる知識問題の典型ともいえる文法の4択問題などでも同じような間違いを繰り返しがちです。模試の空所補充問題などで，ほんとうは知っていたことなのに不正解の選択肢を選んでしまったという経験はないでしょうか。これは，与えられた英文を最後まで読んでいないことに原因がある場合が圧倒的に多いのです。単純な知識問題でさえそういう状態では，新しい共通テストで長い資料を読みぬくことは，やはり難しいでしょう。どんな問題でも必ず問題文や選択肢をしっかり最後まで読み，そのうえで，何が問われているのか，与えられた文のどこが問題点であるかをつねに意識していくという当たり前の姿勢を，まずはもちましょう。

思考力・判断力を育むのは，何も問題を解くときだけではありません。ニュースを見るときや，クラスや部活で何か議論が生じたときなどもそうです。

よく自由英作文で問われるようなテーマを例として考えてみましょう。たとえば，「修学旅行先は日本がよいか海外がよいか，意見を述べよ」という問題に出合ったとき，最初に考えることはなんでしょうか。多くの人はまず，「日本」か「海外」のどちらで書こうか決めてからその内容を具体化しようとします。しかし，本来の正しい姿勢は，「日本」と「海外」のそれぞれのメリットとデメリットを考えることです。メリットの多いほう，あるいは英語で無理なく書ける理由が含まれているほうが，あなたが選択すべき考えです。このようなプロセスで書かないと，説得力のある解答をつくることはできないでしょう。

これは，ディベートなどでも同じことがいえます。私がおもに高校入試対策を担当していたときは，毎年，推薦入試に向けて集団討論なども指導していました。1つのテーマについて議論させると自分の主張にたいする賛成意見ばかりを述べる生徒が目立つのですが，たとえば「死刑は廃止すべきか」などといった議論が生じるテーマであれば，賛成理由にも反対理由にも根拠があるはずです。どちらかが絶対的に正しいという正解があるわけではなく，どちらの根拠を重視するかによって主張は大きく変わります。自分と異なる意見をもっている人はどういう根拠で反対するのだろうかと少し考えてみるだけで自分の主張にたいする説得力は大きく増すはずですが，こういった主張を比較できる人は非常に少ないのが現実です。

共通テストでここまでのことが求められるわけではありません。しかし,「思考力･表現力」をほんとうに育みたいのであれば, ふだんから, **1つのテーマにたいして賛成意見と反対意見の両方の根拠を考えてみるという姿勢はとても役に立ちます。**どうしても，自分の意見に近い主張をする人ばかりに注目し自分と異なる主張をする人の意見は軽視しがちですが，視野を少し広げてみてください。それによって，複数の資料（テキスト）などで何が問われているのかという問題点を発見する力にもつながっていくはずです。

大学入試でも問われてきた「思考力・判断力・表現力」

ここまで，「思考力・判断力・表現力」は多くの高校生にとってすでになじみのあるものだという視点でお話ししてきました。最後に，思考力・判断力・表現力を試す問題が，じつは大学入試の場面で強調されるようになる以前から出題されていたという事例をご紹介しましょう。

次のページにあるのは，センター試験・地理Ｂの問題です。問題文をよく読んで解答を選んでみてください。

▶2006年センター試験「地理B」〔本試験〕（第2問／問5）

リエさんは，函館市の市場《いちば》で見た水産物について興味をもち，次の図3中の沿岸部における市町村の漁獲量･生産量を調べた。その結果，スケトウダラ，スルメイカ，ホタテガイが多いことが分かった。そこで，それぞれの魚介類について市場の商店主にたずねてみた。次ページのリエさんと商店主との会話を参考に，図3中のX～Zと魚介類との正しい組合せを，次ページの①～⑥のうちから一つ選べ。

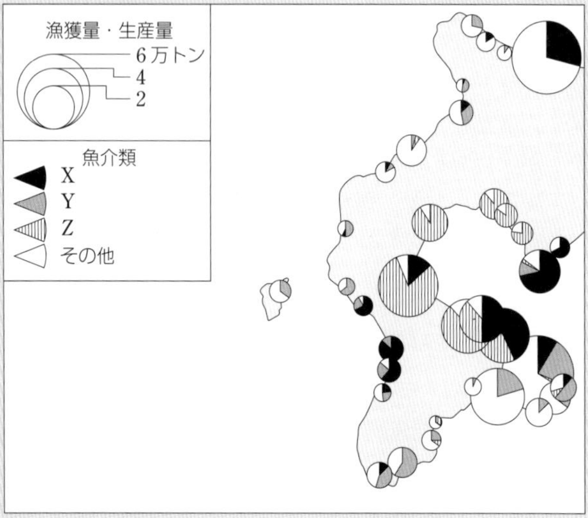

統計年次は2001年。
『北海道農林水産年報（水産編）』により作成。

図　3

リエ　「スケトウダラは，どこでとれるのですか」
商店主　「スケトウダラは主に外洋でとれる魚です」
リエ　「スルメイカはどうですか」
商店主　「スルメイカは北海道でも南の方で水揚げが多くなります」
リエ　「ホタテガイについても教えてください」
商店主　「ホタテガイは養殖が中心なので，波の穏やかな内湾で多いです」

	X	Y	Z
①	スケトウダラ	スルメイカ	ホタテガイ
②	スケトウダラ	ホタテガイ	スルメイカ
③	スルメイカ	スケトウダラ	ホタテガイ
④	スルメイカ	ホタテガイ	スケトウダラ
⑤	ホタテガイ	スケトウダラ	スルメイカ
⑥	ホタテガイ	スルメイカ	スケトウダラ

商店主の発言に「スルメイカは～南の方で水揚《あ》げが多くなる」とあるので，グラフではYがそれに該当しそうですね。また，「ホタテガイ」は「内湾《ないわん》で多い」とあるので，内浦湾《うちうらわん》（名前は知らなくても半島と半島が囲まれた地域が「湾」だということはわかりますね）沿岸で水揚げの多いZが該当しそうです。結果的にはXが「スケトウダラ」ですが，「外洋でとれる」とあるので，オホーツク海や太平洋に面した地域でXの水揚げが多いことを確認すると推論が正しいとわかりますね。したがって，正解は①（X：スケトウダラ／Y：スルメイカ／Z：ホタテガイ）です。

どうでしょうか。地理の知識はほとんどなくても，グラフと会話文という2つの資料をくらべることによって正解することができましたね。この設問は，「思考力・判断力」が従来のセンター試験でも問われてきたことを示す好例ではないかと思います。共通テストには過去問がないので初年度の受験生は不安を覚えるかもしれませんが，じつはセンター試験でも思考力・判断力を試す問題はたくさん出ていたので，センター試験の過去問を活用することは十分可能です。

このように，入試過去問や中学・高校入試の全体像を振り返ってみると，**思考力・判断力・表現力を問う試験はまったく新しいものではありませんし，恐れるものでもない**のだとわかります。共通テストは，「第２章」でくわしく述べていく各教科・科目の勉強法をいかして基礎知識を正しい方法で習得していけば必ず乗り越えることができる試験です。

第3節

共通テスト対策を学校の授業とどう両立させるべきか

——新野　元基（河合塾講師・受験コンサルタント）

高校の授業と共通テスト対策は相反するものではなく，お互いの延長上にあるものです。高校での学びを進化させることが共通テストの得点力にも直結します。

共通テストで問われるのは高校での学びそのもの

「第１章　第１節」で述べたように，紆《う》余《よ》曲折《きょくせつ》をへて生まれた共通テストは，結局，これまで行なわれてきたセンター試験からの変更点が当初のもくろみよりも少ない試験に落ち着きそうです。センター試験は，

> 「大学に入学を志願する者の高校の段階における基礎的な学習の達成の程度を判定することを主たる目的とするものであり，〔中略〕大学教育を受けるにふさわしい能力・意欲・適性等を多面的・総合的に評価・判定することに資するため」
>
> （「大学入試センター試験実施要項」から抜粋）

に行なわれてきました。つまり，高校の勉強がしっかりできている生徒であれば，「受験勉強」とよくいわれるような特別な対策をしなくてもしっかり点がとれるという建前で作成されてきたものです。**高校入試を経験したみなさんならば，公立高校入試問題をイメージすればよいでしょう。**上位校だけ別の問題を課す地域は異なる面もありますが，公立高校の入試問題は，中学での学びが定着していれば難なく得点できますし，実際，中学での成績と公立高校入試問題の得点とはほぼ比例関係にあります。大学入試におけるセンター試験もほぼ同じものでした。高校での学びの定着度とセンター試験の得点には高い相関性があります。

共通テストも，この点はまったく変わりません。問題作成方針の中でも，「大学への入学志願者を対象に，高等学校の段階における基礎的な学習の達成の程度を判定し，大学教育を受けるために必要な能力について把握することを目的」とすると，センター試験の実施要領とほぼ同じことが述べられています。では，前節で述べたような共通テストで新たに問われる力，つまり「思考力・表現力・判断力」についてはどうでしょうか。これは高校での学びと異なるものでしょうか。

「思考力・表現力・判断力」は，2009年に告示された学習指導要領の中で掲げられた学力の要素です。いわゆる「アクティブラーニング」は，この学習指導要領のもとで並行して各校によって取り組まれてきた手法の総称です。

ここで質問があります。この本を読んでいる中高生のみなさんが受けている授業の中では，先生が話す時間は授業時間全体の何％くらいでしょうか。私が高校生のころは，主要教科の授業ではほぼ100％先生が話していたと記憶しています。しかし，最近はどの教科でもグループワークやペアワーク，プレゼンテーションなどの手法がかなり積極的に採りいれられていますね。私が指導している生徒の中にも，英語の授業はずっとペアワークで，先生が教える時間はほとんどないという学校に通う人もいます。こういった，**先生が一方的に話すのではなく生徒が主体的にかかわりながら学ぶ手法**がアクティブラーニングなのです。なお，この言葉自体はあいまいで，新しい学習指導要領では「主体的・対話的で深い学び」とよばれるようになっていますが，ここでは，先生が講義する形式ではない学び方の総称として使うことにします。

試行調査をみてください。どの教科でも，生徒がクラスでプレゼンテーションするとかレポートを書くための準備をしているなどという場面設定が与えられ，その取り組みの中で問題を考えるという構成になっていますね。まさにこれは，アクティブラーニングの場面をテスト中で再現しているように思われます。実際，共通テストの作成方針の中でも，「高等学校における『主体的・対話的で深い学び』の実現に向けた授業改善のメッセージ性も考慮し，授業において生徒が学習する場面や，社会生活や日常生活の中から課題を発見し解決方法を構想する場面，資料やデータ等を基に考察する場面など，学習の過程を意識した問題の場面設定を重視する」とあります。

こう考えてみると，共通テストは，センター試験と同様に高校での学習定着度を測る試験であるだけでなく，それに加えて，現在多くの高校で採用されているアクティブラーニングの手法に沿って問題が作成されるとわかります。つまり，**センター試験以上に高校での学びがテストの結果に直結する試験である**といえるでしょう。したがって，「共通テスト対策と学校の授業をどう両立すべきか」ではなく，むしろ**「学校の授業をどれだけ活用して共通テストにつなぐべきか」を考える必要がある**のです。

中学での成績と高校での成績は別物

ただし，ここで注意してもらいたいのは，学校の授業は千差万別である，ということです。先述したように，センター試験の得点は高校での学びの定着度との相関性が高いといえました。さらには，双方は「比例する」とさえいえます。これは，共通テストにも当てはまりそうです。しかし，これは**「あなたが受けている授業の理解定着度と共通テストの得点が比例する」ことを意味するわけではありません。**公立中学校と高校とでは，学校の性質がまったく異なるからです。

中学入試経験者が抜けるとはいえ，公立中には成績上位の人もいます。一方，下位の人もいて，どちらの人も同じ学校に通います。あなたの同級生の中には，いずれ東大に進学する人も，大学に進まない人もいるかもしれません。こういった多様な成績の人たちが同じ学校・クラスにいるのが公立中です。そのため，基本的には，どこの中学のどのクラスでも同じレベルの教科書を使って平均的な授業が行なわれます。学校ごとのレベル差は多少あるでしょうが，理論的には，ある中学で英語の成績が「3」だった人は，別の中学に行っても基本的には「3」になるはずです。

しかし，ひとたび高校受験というフィルターを通して高校に入学すると，状況は一変します。公立校の場合にとくに顕著ですが，同じ学区域内のいくつもの中学から同じ学力層の生徒だけがあなたの通う高校に通うことになります。授業はそれぞれの生徒に応じて行なわれるので，**レベルと進度は高校ごとにまったく異なります**。ですから，ある高校での英語の成績が「3」であっても，ほかの高校では「5」にも「1」にもなりうるのです。中学入試などを経験して中高一貫校に通う人たちの場合は，中学の段階からこれに近い状況といってよいでしょう。

こういった点は，教科書のラインナップにも表れています。たとえば英語の場合，中学で使用される検定教科書は6種類しかないのにたいし，高校の「コミュニケーション英語Ⅰ」の教科書は，なんと31種類もあります。これは，高校の検定教科書を発行する出版社が多いことも一因ですが，中学の教科書が各出版社から1種類ずつしか発行されていないのにたいし，高校の教科書は1つの出版社から複数発行されていることが最大の理由です。ようするに，中学のように1つのレベルで教科書が統一されているのではなく，高校では学校のレベルに応じて使用教科書のレベルも異なっているのです。

こう考えてくると，「あなたが受けている授業の理解定着度と共通テストの得点が比例する」とはいえない理由がわかりますね。つまり，**高校での成績は，中学での成績以上に，その高校の中だけでの相対的な指標でしかない**のです。在校生のほぼ全員が大学への進学を予定する進学校であれば，学校の授業レベルが共通テストのレベルに達しないということはないでしょう。でも，そうではない高校に通っている人は学校の成績だけで安心してはいけませんし，また，進学校に通う人も，**学校内だけでなく全体の中で自分がどの位置にいるのかを把握して低学年のうちから勉強を進めることがとても大切**なのです。

「定期テストは平均点をとれていれば安心」は大うそ

学校での成績を示すのに最もよく使われる指標は定期テストでしょう。ところで，これを読んでいる高校生の中には，定期テストの結果を保護者に見せ，「なに，この点数は！」といわれて「平均点は超えているから問題ないよ」と返事をした人はいませんか。あるいは，保護者にも,「平均点を超えているならよいか」と思った方はいませんか。

先ほど述べたように，公立中学校と高校のちがいを考えれば，**定期テストの平均点はまったくあてになりません。**学校の中での平均にすぎないという理由だけではありません。かりに進学校であっても，たとえば低学年のうちの定期テストの数学の平均点は，数学で受験しないことが多い私立大文系志望者の成績も含むため，数学で受験予定者だけの平均点とイコールになりません。したがって，**「平均点がとれているから問題ない」という考えにはまったく根拠**がないのです。保護者も生徒自身も，定期テストに向かう姿勢を改めていかなければなりません。

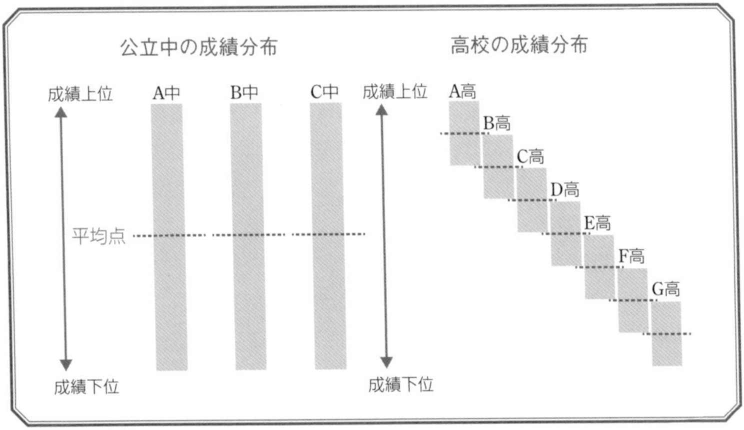

高校での学びで大切なこと

では，学校の授業を活用して共通テストにつないでいくには実際にどうすればよいのでしょうか。

1　定期テストの正しい目標を設定する

まずは**定期テストを大切にしてください。**先ほど定期テストの平均点はあてにならないといったばかりですが，高校生が勉強するおもな目的は大学入試対策以外では定期テスト対策ですし，また，保護者が最も気にするのも定期テストの成績です。これをいかさない方法はありません。

大切なのは，目標を正しく設定することです。**平均点を目標にしてはいけません。**目標にするならば，クラスや学年での順位のほうがよいでしょう。志望校が決まっているならば，最終目標とすべき順位は簡単に決まります。

通っている高校の進学実績を調べてみてください。たとえば，あなたが国公立大をめざしている場合には，自分の高校から国公立大に現役で何人が合格しているのかを調べてみましょう。私立大の場合は1人で複数の学部に合格することがあるので，合格者数ではなく進学者をみるとよいでしょう。こうすることによって，学年上位何%までに入っていなければならないのかがおのずとわかります。**高校の進学実績は，その高校を受験するときには学校選びの判断材料となりますが，いざ入学したあとは，あなたがめざすべき順位の指標となる**のです。もちろん，最初からその順位に達することは難しいかもしれません。しかし，設定した目標には，段階を踏んで最終的に近づいていけばよいのです。焦りは禁物です。

私がこれまで指導してきた生徒の中で目覚ましく成績を向上させた人に話を聞くと，かなりの確率で同じことをしています。それは，ある目標を設定して，それをクリアしたらさらに上の目標を設定して，それもクリアしたらさらに高い目標を設定していく，という姿勢です。クラスの中でまずあの人を抜きたい，それができたらつぎはこの人，という感じですね。このように，**目標設定は，自分で設定した到達可能なレベルを1段階ずつクリアしながらだんだんレベルを上げていくと効果的**なのです。その積み重ねによって，最終目標である自分の志望校に必要な位置まで到達します。これは，順位だけでなく学習分野にも当てはまります。まずは英語の○○という単元を克服する，それができたら次は……という具合に，同じように利用できるのです。

2　小テストではつねに満点を目標とする

多くの学校で，英語であれば単語テスト，国語であれば漢字テストや古文単語テストというように，たくさんの小テストが行なわれていますね。小テストで問われるのは，各教科の基礎の基礎，いわば学ぶうえでの前提となる内容がほとんどです。共通テストは高校段階での学習定着度を測る試験ですから，この「基礎の基礎」はきわめて重要です。**小テストの得点の積み重ねが共通テストの得点につながる**，といっても過言ではありません。

この小テストの目標設定は，定期テストとは少し異なります。それは，**どの小テストもつねに満点を目標にすべきだ**，ということです。「満点」といわれると，高校生のみなさんは「自分には無理だよ」と思うかもしれませんね。でも，小テストは各教科の基礎の基礎にあたる部分ですから，そこが抜けていると，今後の学習に支障が出てしまう可能性があるのです。

たとえば，教科書の英文を読んでいてある単語の意味がわからなかったとします。でも，じつはその単語は中学ですでに学んでいることも多いのです。単語を小テストのたびにしっかり覚えていれば学習がスムーズに進み，受験生になってからあらためて単語を覚え直す必要がなくなります。毎回の小テストで満点を積み重ねていくことは，受験生になってからの負担軽減につながります。小テストで満点がとれないということは，大学に入るために将来どこかで返済しなければいけない借金をつくってしまうことと同じなのです。

小テストは，満点がとれれば勝ち，とれなければ負け，という気持ちで取り組みましょう。満点をとるつもりで勉強していくと，勉強の質や量も自然に向上していきます。小テストは，範囲がせまく，問われる内容も単純なので，定期テストよりも努力と結果が直結しやすいものです。最初は満点がとれないでしょう。でも，前回はこのくらいの勉強で○点だったから，つぎはこのくらいやってみようというように，取り組むうちに必要な勉強ラインがみえてくると思います。一度満点がとれてしまえば，あとは同じことの繰り返しです。

じつは，勉強ではこの点が大切で，家に帰ったら何も考えず自然に手を洗って着替える，寝る前に歯を磨くなどという生活習慣と同じように，**何をしようかと考えなくても行なえる習慣が身につくと強い**のです。いすに座ってきょうは何をしようかなどと考えていたら，だいたいスマートフォンに手が伸びてしまいますね。これではいけません。家に帰ってからやるべきことが決まっている状態が理想なのです。

学校によっては小テストの範囲が広すぎるなど事情が異なるところもあるかもしれませんが，これを読んでいる学校の先生がいたら，以上のような主旨を理解していただき，ぜひとも満点をとれる小テストに改善していただきたいと願います。満点が問答無用の目標であれば，志望校が決まっていない人でもスタートできますからね。納得したらすぐやりましょう。「つぎから」などといっているうちはなかなか踏みだせません。

なお，これは勉強法とは直接に関係はありませんが，最初のうちは，満点を達成した自分にごほうびをあげることも有効です。満点をとれたら大好きなスイーツを食べてもよいとか，ゲームに課金してもよいなどのちょっとしたごほうびでモチベーションを上げることも，高校生活を楽しみながら勉強していくうえで大切なことです。

3　学校の授業はなるべく「予習」する

近年，いわゆる「アクティブラーニング」（➡「第１章　第２節」）の影響で，どの教科でもペアワークやグループワークが増えてきています。高校生のみなさんは，こういった授業で「予習」が必須になっているかどうかを確認してみてください。もしペアワークやグループワーク中心で「予習」が不要な授業である場合，学習効果はかなり低いといわざるをえません。

考えてみてください。英語を話すペアワークでも調べ学習をするグループワークでも，みなさんには前提となる知識が必要です。正しい知識があれば，それを運用する場面としてペアワークやグループワークに意義があるといえるでしょう。しかし，そういう前提が何もないまま参加しても，自分から積極的に話すことはできず，メンバーも同じ状態で参加していたら何も学ぶことがなく終わってしまいます。

そもそも，アクティブラーニングとは，先生が一方的に話すことを生徒が受動的に受け入れるのではなく，生徒自身が能動的に学ぶべきだという考え方であり，授業のあり方というよりも，生徒が学ぶ姿勢に力点をおくべきものです。ですから，みずから学ぶという姿勢が身につかなければ，ペアワークやグループワークを採り入れた授業をいくら受けても効果はありません。

高校生のみなさんは，学校で長い時間を過ごします。平日であれば，自習時間よりも授業で過ごす時間のほうが長いはずです。ですから，**学校の授業を有効に活用すれば，効率的に成績の向上につながりやすい**のです。そのためには，**予習をすることが必要**です。たとえば英語の授業であればあの場面ではどういう言い方をすればよいのかを知らないから確認しておこうとか，次の授業ではこの話をするから知らない用語の意味を事前に調べておこうなど，**授業前の調べ学習として少し予習するだけでも授業の効果はまったくちがいます**。先生からの指示があろうとなかろうと，わずかな時間でもよいので予習を採りいれてみてください。

4　自分の客観的な位置をつねに測る

先述したように，学校の定期テストを学習の1つの目標とすべきですが，校内の順位しかわからないため，受験生全体の中で自分がどの位置にいるのかをみる指標としては不向きです。さらには，レベル分けされている高校という空間に慣れてしまうと，客観的な自分の位置がどんどんわからなくなっていきます。これは，受験をめざしていくうえでとても怖いことです。これを回避するために必要なのは，自分の学力と全国での位置を定期的に測定していくことです。**大手予備校が実施する模試は，高1の時点から定期的に受験しましょう**。

じつは，模試にたいする考え方は，中学受験をへて中高一貫校に入った人と，高校受験しか経験していない人とでは大きく異なることが多いのです。**中学受験塾では，多くの人が受験勉強を始める小4の時点から**（たとえ塾内だけのものであっても）**模試が定期的に実施されます**。中学受験組は，受験までの3年間，模試を受けるのが当たり前だという環境で勉強するのです。ところが，高校受験，とくに公立高校受験しか経験していない人は，低学年のうちから塾に通っていない人の場合，模試は中3から，さらにいえば中学3年の2学期から受けるものだと思いがちです。実際，中学受験の模試は小4・5生対象の試験まであるのにたいし，各都道府県別の公立高校受験者を対象とする模試のうち，中1・2生対象の試験は多くありません。このような状況の差からくる意識のちがいは高校に入ってからも顕著であり，私が指導している高1生の授業で「来週は模試があるよ」というと，中学受験組と高校受験組では反応が大きく異なるという印象があります。

大学受験に向けては，中学受験と同じ発想をもつべきなのです。高校内の順位が当てにならない以上，模試を受けないかぎりは自分の位置がわかりません。高3になってはじめて模試を受け，自分の成績の悪さに気づいてからではもう遅いのです。**高1から定期的に模試を受けてください。学期に1回，できれば同じ模試を複数回受けましょう。**

模試で算出される偏差値はあくまで受験者の中での位置を示すものです。母集団が変われば偏差値も変わります。ある模試では偏差値が高く出て，別の模試では低く出るというのはふつうのことです。保護者の中にも，異なる模試の偏差値を比較して，上がった・下がったと子どもに話す方がいますが，**異なる模試間の偏差値比較は無意味**なのです。低学年のうちは，毎回同じ模試を受験して自分の成績の変化を判断できれば十分です。

5 部活との「正しい両立」を図る

低学年のうちから模試を受ける場合に必ず障害となるのが「部活」です。「部活があるから模試は受けられません」とか，「部活が忙しくて宿題ができなかった」という話をよく聞きますが，それでほんとうによいのでしょうか。

最近は，教員の働き方改革や過度な練習によるけがの防止といった観点から部活動の練習日数や時間を制限する動きもさかんになっていますが，勉強との関連でいえば，「正しい両立」の姿勢を身につけて部活との向き合い方を変えていく必要があると思います。

「両立」とは，「勉強も部活も等しくがんばる」という意味です。ところが，多くの高校生にとっては部活＞勉強です。「部活があるから模試は受けられません」「部活が忙しくて宿題ができなかった」というのはまさにそのあらわれであり，部活＜勉強ならば，正しくは「模試があるから部活は欠席します」「宿題が終わらないので部活は早退します」であるはずです。しかし，実際には，勉強よりも部活を優先してしまう高校生が多いという現状があります。

私は予備校講師なので，その部活を続けて大人になったらプロになりたいと考えていないかぎりは，将来に向けては部活＜勉強にしたほうがよいと，内心では思っています。しかし，高校生にとっては目に見えない将来のことよりもほぼ毎日行なわれている部活のほうが大事に思えることも，また，いわゆる「同調圧力」により部活のメンバーの顔が思い浮んでしまって休めなくなることもよくわかります。でも，部活をひとくくりで語ることはやめましょう。せめて“**部活≒勉強**”にもっていきませんか。

たしかに，大会当日や，大会前日の全体練習は休めません。早退もできないでしょう。そういう場面では，部活を優先してもよいと思います。しかし，大会までまだ日がある場合，全員が会って練習する必要がない場合，あるいは学期に 1 回しかない模試がある場合には，勉強を優先すべきです。このように，**部活をすべて同じレベルで考えて無条件に勉強ができない理由にするのではなく，部活の中にも優先順があり，部活と勉強とを比較して場面に応じてどちらを優先するか判断することが大切**なのです。

最初は，部活を休むことは難しいことかもしれません。しかし，あなたの将来にたいして何が正しいのかを判断することができるのはあなた自身しかいないのです。もし周囲にあなたの判断を尊重できない人がいるとすれば，その人たちはほんとうの友人・恩師とはいえないのではないでしょうか。たとえば，みんなで同じ模試を申し込むというのは，同調圧力を逆手にとった 1 つの方法です。勉強と部活の両立は，このように知恵をはたらかせて乗りきってください。

MEMO

第 2 章

科目別の勉強法

次のページからは，科目別の勉強法を具体的に解説していきます。正攻法も「飛び道具」も盛りだくさん。でも，必ず力がつく「王道の」やり方ばかりです！

第1節 共通テスト 英語[リーディング]の勉強法

――新野　元基（河合塾講師・受験コンサルタント）

設問にバリエーションがあったセンター試験から，リーディングに特化した共通テストへ。得点力を上げるには，地道な努力しかありません。

共通テストの英語は「筆記」から「リーディング」へ

共通テストの英語は，従来のセンター試験とのちがいが大きい教科といえるでしょう。このことは，科目の名称まで変わっていることが示唆しています。2006年から50点満点のリスニング試験が導入されると，従来の80分·200点満点で行なわれてきた試験は「英語［筆記］」とよばれるようになりました。これが，共通テストでは新たに「英語［リーディング］」という名称に変わり，実施時間は80分で変わらないものの，満点は100点に変更されます。英語と同じ外国語という枠内で行なわれるドイツ語・フランス語・中国語・韓国語の試験が共通テストに変わっても従来どおり［筆記］の名称に変更はなく満点も200点のままであることとは対照的です。そして，共通テストの英語の特徴はこの名称に大きく表れているといえるでしょう。この節では，はじめに，従来のセンター試験と共通テストの大問構成を比較し，共通テストの特徴を明らかにしてみたいと思います。

センター試験と共通テストの大問構成のちがい

次のページの表は，2019年のセンター試験と，第2回試行調査の大問構成を比較したものです。色の網掛け部分が，試行調査では出題されなくなった形式の問題です。

2019年センター試験		
第1問	A	発音
	B	アクセント
第2問	A	文法・語法（4択）
	B	文法・語法（整序）
	C	応答文完成
第3問	A	不要文選択
	B	発言の主旨
第4問	A	図表問題（表・グラフ）
	B	図表問題（広告）
第5問		読解（物語）
第6問		読解（説明文）

第2回試行調査		
第1問	A	読解（メモ）
	B	読解（ウェブサイト）
第2問	A	読解（レシピ）
	B	読解（新聞記事）
第3問	A	読解（ブログ）
	B	読解（雑誌記事）
第4問		図表問題（グラフ）
第5問		読解（ディベート資料）
第6問	A	読解（ディベート資料）
	B	読解（新聞記事）

センター試験には1990年の開始から約30年間にさまざまな出題形式の変化がありましたが，第1問で発音・アクセントなどのいわゆる音声問題，第2問で4択・整序を中心とした文法・作文問題を出すという方針は一貫していました。

この音声問題，文法・作文問題が，共通テストではいっさい出題されなくなります。試行調査では，第1問から短い英文を読んで解答する問題が出ていますが，これはセンター試験の第4問Bで出題されてきたのと同じタイプのものです。そして，第2問以降も長短さまざまな読解問題が出題されているだけ。バリエーション豊富な出題形式はみられなくなり，センター試験では後半の第3問Bから第6問で出題されたのと似たような読解問題が繰り返し出題されます。**「英語［筆記］」から「英語［リーディング］」へと名称が変わったのは，音声・文法問題が姿を消し，読解問題のみが出題されることのあらわれなのです。**

民間試験活用を前提とした共通テストの構成

多様な出題形式が消えて読解問題に特化される理由を説明するには，共通テストの変更にともなって議論されてきた，入試における民間試験の活用との関連に触れなければなりません。

共通テストの実施方針は 2017 年 7 月に示されましたが，この中で，英語については以下のように言及されています（下線は筆者）。

> ● 高等学校学習指導要領における英語教育の抜本改革を踏まえ，大学入学者選抜においても，「読む」「聞く」「話す」「書く」の 4 技能を適切に評価するため，共通テストの枠組みにおいて，現に民間事業者等により広く実施され，一定の評価が定着している資格・検定試験を活用する。
>
> ● 具体的には，以下の方法により実施する。
>
> ❶　資格・検定試験のうち，試験内容・実施体制等が入学者選抜に活用する上で必要な水準及び要件を満たしているものをセンターが認定し〔中略〕，その試験結果及び CEFR（*セファール；ヨーロッパ言語共通参照枠）の段階別成績表示を要請のあった大学に提供する。〔中略〕また，認定試験を活用する場合は，受検者の負担に配慮して，できるだけ多くの種類の認定試験を対象として活用するよう各大学に求める。
>
> ❷　国は，活用の参考となるよう，CEFR の段階別成績表示による対照表を提示する。
>
> ❸　センターは，受検者の負担，高等学校教育への影響等を考慮し，高校 3 年の 4 月～ 12 月の間の 2 回までの試験結果を各大学に送付することとする。
>
> ❹　共通テストの英語試験については，制度の大幅な変更による受検者・高校・大学への影響を考慮し，認定試験の実施・活用状況等を検証しつつ，平成 35 年度までは実施し，各大学の判断で共通テストと認定試験のいずれか，又は双方を選択利用することを可能とする。

この方針からは，共通テストの英語で民間試験を活用することが大前提であったことがわかりますね。これは，2023 年までは共通テストの中でも英語の試験を実施するものの，あくまで主である民間試験を補完する存在でしかない，ということを意味しています。じつはもともと，センター試験から共通テストに切り替えるという議論には，以下のような経緯がありました。

- 英語の試験をリーディング・リスニングだけでなく，ライティングとスピーキングも問う4技能の試験に変更したい
- しかし，約50万人が受験するセンター試験でライティングとスピーキングを行なうのは困難である
- そうであれば，民間試験を活用しよう

センター試験の第1問にあった音声問題はスピーキングやリスニングの代わりに音に関する知識を筆記の形式で問うものとして，また，第2問の整序問題はライティング試験に代わり作文についての能力をマーク式で問うものとしてそれぞれ出題されてきました。しかし，4技能の民間試験を活用することを前提とした場合，音や作文についての能力はそちらで問えばよく，本来のスピーキング・ライティング能力を問う形式とは異なる形式で共通テストの中で出題する必要はないということになりました。大学入試センターもこういった事情を考慮し，2021年の共通テスト出題方針の中で「高等学校学習指導要領では，外国語の音声や語彙，表現，文法，言語の働きなどの知識を，実際のコミュニケーションにおいて，目的や場面，状況などに応じて適切に活用できる技能を身に付けるようにすることを目標としていることを踏まえて，4技能のうち『読むこと』『聞くこと』の中でこれらの知識が活用できるかを評価する。したがって，発音，アクセント，語句整序などを単独で問う問題は作成しないこととする」とはっきりいっています。共通テストの民間試験活用中止は2019年11月に発表されましたが，共通テストの出題方針は試行調査から変更されないと告知されているので，現時点では，リーディング特化のこの形式が本番でも出題されると考えるほかありません。

問題の特徴

このように述べてみると，共通テストの英語ではセンター試験の第3問Bから第6問にあたるリーディング部分がそのまま出題されるような印象を受けるかもしれませんが，「学力の3要素」（➡「第1章　第2節」）を問うもともとの共通テストの意義に沿って新たに登場するタイプやねらいが変化した出題もあります。以下，共通テストのリーディングの特徴を1つずつみていきましょう。

1　目的や場面，状況に応じた読解が求められる

共通テストのリーディングには，よくある「次の英文を読んで後の問いに答えよ」というタイプの問題文は1つもありません。論説文を読ませる問題であっても，「発表のための準備として以下の文を読んでいる」といった**場面設定が必ずついています**。また，第1～3問は，メモ・ウェブサイト・ネット上の記事・ブログといった身近な素材から作成されています。これは，共通テストがコミュニケーションを想定した高等学校学習指導要領に沿って作成されているためです。ただし，設問自体は場面設定とはまったく関係のないものも多いので，本質的な変化とはいえないでしょう。

2　CEFRに準じた難度設定

共通テストの各大問はCEFRのレベルに応じて作成されています。CEFRは，レベルごとにどの程度英語ができるのかを示す枠組みなので，そのレベルに応じて作成されると，問題の難度が大問ごとに異なってきます。それぞれのレベルは，具体的には以下のように設定されています。

共通テストの大問	基準	レベル
第1～3問	CEFR	A1・A2レベル
第4～6問	CEFR	B1レベル

CEFRのA1・A2レベルとは，実用英語検定（英検）でいうと3～準2級，B1レベルは2級にそれぞれ相当します。つまり，第1～3問と第4～6問では似たような形式の問題が繰り返し出題されているようにみえますが，**前半の問題のほうが平易で後半の問題のほうが難しいということがはっきりしているのです。**

このことは，配点にも反映されています。第1～3問は小問1問あたりわずか2点であり全体に占める配点の割合は40%ですが，第4～6問は各3～5点であり全体の60%を占めます。高得点をねらうのであれば，前半を手際よく済ませ，難度が高めである後半に時間を回す必要がありますね。

大問		形式	CEFRレベル	配点
第1問	A	読解（メモ）	A1	4
	B	読解（ウェブサイト）	A2	6
第2問	A	読解（レシピ）	A1	10
	B	読解（新聞記事）	A2	10
第3問	A	読解（ブログ）	A1	4
	B	読解（雑誌記事）	A2	6
第4問		図表問題（グラフ）	B1	16
第5問		読解（ディベート資料）	B1	20
第6問	A	読解（ディベート資料）	B1	12
	B	読解（新聞記事）	B1	12

3　全体の語数の増加

センター試験の筆記は，本文の語数は約 3,000 語，選択肢なども含めると約 4,200 語で推移してきました。一方，2 回の試行調査では，本文の語数は平均約 3,000 語と変わらなかったものの，選択肢や問題文などを含めると全体で 5,300 語を超えます。センター試験では問題指示文が日本語だったのにたいし，共通テストではすべて英語になったこと，また，読解問題のみになることで選択肢の英文が長くなったことなどが理由です。

4　正解となる選択肢の数に限定がない設問

これは英語だけの特徴ではありませんが，**正解選択肢が 1 つとは限らない設問**が出題されていました（英文の指示文は，You may choose more than one option.「2 つ以上の選択肢を選ぶ可能性があります」)。**このタイプの問題は試行調査で正答率が非常に低く**，選択肢をとくにていねいに吟味する必要があります。

5　fact「事実」と opinion「意見」の区別

共通テストの新出題形式には，**fact「事実」と opinion「意見」を区別**させ，どちらか一方を選択させる問題があります。「学力の 3 要素」（➡「第 1 章　第 2 節」）を占める「思考力・判断力」を試す，共通テストの特徴的な出題といえるでしょう。

たとえば，「あのお店の抹茶ババロアは 900 円もするが，日本で最もおいしい」という 1 文を考えてみましょう。この 1 文には 2 つの情報が含まれていますが，fact と opinion に分けることができますね。「あのお店の抹茶ババロアは 900 円する」はだれにとっても同じ 1 つの fact ですが，「あのお店の抹茶ババロアは日本で最もおいしい」は発言者の個人的な考えであり，opinion に該当します。

共通テストでは，文章読解や図表などの読み取りでこれと同様の区別が求められます。最も特徴的な問題は，第 1 回試行調査の第 2 問 A です。

インターネットのレストラン評価サイトに投稿されたコメントを読んで fact をすべて選ぶのですが，じつは，本文の該当箇所をみなくても「これは絶対に opinion だ！」とわかる選択肢があります。さて，それはどれかわかりますか？

▶第１回試行調査 (第２問Ａ／問４)

Based on the reviews, which of the following are facts, not personal opinions? (You may choose more than one option.)

① Annie's Kitchen offers dishes from many countries.
② Johnny's Hutt is less crowded than Shiro's Ramen.
③ Johnny's Hutt serves some fish dishes.
④ The chef at Johnny's Hutt is good at his job.
⑤ The chef's meal-of-the-day is the best at Annie's Kitchen.
⑥ The menu at Annie's Kitchen is wonderful.

正解は④・⑤・⑥です。④では good，⑤では the best，⑥では wonderful という形容詞がそれぞれ用いられていますが，「よい」「最高だ」「すばらしい」はいずれも個人の判断や感情であって，だれにたいしても同じ事実とはいえませんね。もちろん，該当箇所を見ずに正解できるわけではありませんが，**opinion には判断を表す言葉（形容詞や助動詞など）が含まれる**ということを知っておけば，かなり楽に答えられます。

6　文章全体の概要・要点・構成を問う

共通テストでは，設問に関連する該当箇所を発見しそれにもとづいて解答する問題だけでなく，文章全体の概要・要点を把握したり文章構成を理解したりしないと解答できない問題が増えています。センター試験でもこういった問題は出ていましたが，第６問に代表されるように，パラグラフごとに理解できれば全体が見えていなくても解答できる問題も目立ちました。一方，「思考力・表現力」を問う共通テストでは，全体の概要を把握する力がより問われるようになったといえます。

以下の表は，大学入試センターが発表している「作問のねらい」です。ここでは，説明文について部分の把握と全体の把握を分け，それぞれCEFRレベルでどういった力が求められるかが規定されています。

		A1	A2	B1
説明文	❶　部分の把握 ＊テクストの部分を把握して解答する問題	■簡単な語句や単純な文の読み取り ●日常生活に関連した身近な掲示，カタログ，パンフレットなどから，自分が必要とする情報を読み取ることができる	■平易で短いテクストの読み取り ●平易な表現が用いられている広告，パンフレット，予定表などから，自分が必要とする情報を読み取り，書き手の意図を把握することができる	■短い説明の読み取り ●比較的短い記事，レポート，資料などから，自分が必要とする情報を読み取り，論理の展開や書き手の意図を把握することができる
	❷　全体の把握 ＊テクストの全体を把握して解答する問題	■平易でごく短い説明（視覚情報付）の概要・要点把握 ●友人，家族，学校生活などの身の回りの事柄に関して平易な英語で書かれたごく短い説明を読んで，イラストや写真などを参考にしながら，概要や要点を捉えたり，推測したり，情報を事実と意見に整理することができる	■平易で短い説明の概要・要点把握 ●友人，家族，学校生活などの身近な話題に関して平易な英語で書かれた短い説明を読んで，概要や要点を捉えたり，情報を事実と意見に整理することができる	■身近な話題や馴染みのある社会的な話題に関する平易な説明などの概要・要点把握や情報の整理 ●身近な話題や馴染みのある社会的な話題に関する記事やレポート，資料などを読んで概要や要点を把握したり，情報を整理したりすることができる。また，文章の論理展開を把握したり，要約することができる

出題の仕方はさまざまですが，典型的な出題は第２回試行調査の第５問です。問１では，Benjamin Day という人物の生涯を整理することが求められています。英文全体を読んで流れをつかまないと正解できないので，まさに全体を把握して情報を整理する「思考力･判断力」が求められている出題といえます。

▶第２回試行調査（第５問）

The Person Who Revolutionized American Journalism

■ The Life of Benjamin Day

Period	Events
1810s	Day spent his childhood in Springfield
1820s	27
1830s and beyond	28 ↓ 29 ↓ 30 ↓ 31

Benjamin Day

■ About The Sun

- Day launched *The Sun* on September 3, 1833.
- This newspaper was highly successful for the following reasons: 32

■ A Shift in U.S. Journalism: A New Model

- The motto of *The Sun* was "33."
- *The Sun* changed American journalism and society in a number of ways: 34

第1段階の対策：英語の基礎力を固める

さて，ここまでは共通テストの特徴を述べてきました。では，センター試験のような多様な形式がなくなってリーディングに特化され，「思考力・判断力」を中心とした「学力の3要素」を問うことをねらう共通テストにはどう立ち向かっていけばよいのでしょうか。ここからは，対策をお話ししていきます。

英語の基礎力を固めたうえで，必要に応じて共通テスト特有の対策を行なっていくのが当然の流れです。ここでは，前者を「第1段階の対策」，後者を「第2段階の対策」として，それぞれポイントを述べていきます。

1　基礎となる英文法を固める

共通テストでは，センター試験で一貫して出題されてきた文法・語法問題が姿を消しました。このため，「文法は必要なくなった」と思う人がいるかもしれません。たしかに，4択問題が共通テストで出題されることはないでしょうし，共通テスト以外の私立大の入試でも，「文法問題」とよべる空所補充の4・5択問題は年々減少傾向にあります。

しかし，私がここでいいたい**「英文法」の基礎とは，「4択問題がたくさん詰まった文法の問題集を1冊やりきることができる力」という意味ではなく，「英語を読んだり書いたり聴いたり話したりするときに必要な力」のこと**です。

たとえば，I love you. という英文を聞いたら，「私はあなたを愛している」という意味だとわかりますね。だれも「私をあなたは愛している」だと思う人はいないでしょう。

でも，どうしてそうわかるのかといえば，英語ではloveという動詞の前にある名詞が日本語の「～は・～が」にあたる主語になり，動詞の後ろにある名詞は日本語の「～を」にあたる目的語になる，というルールがあるからです。こういう文の構造，単語と単語の関係性のルールを明確にしたものが英文法です。

もっとも，I love you. なら直感的にわかるでしょう。でも，

A previous analysis of large pilot databases conducted in the United States showed no meaningful difference in accident rates between male and female pilots.

であれば，どうでしょうか。

これは第2回試行調査の第6問Aから抜粋した1文ですが，じつはこれもI love you. とまったく同じ構造なのです。**英文が複雑になっても，読んで（あるいは，聴いて）意味を正しく理解でき，正しい英文を書ける（あるいは，話せる）力，それが英文法**です（なお，正解の日本語訳は，「アメリカで行なわれた大規模なパイロットのデータベースについての以前の分析によれば，男性パイロットと女性パイロットのあいだに事故率についての有意な差はまったくみられなかった」です）。

ですから，英文法の力を問うためにわざわざ4択の文法問題を出す必要はないのです。リーディングの試験で内容が把握できたかどうかを試せば，結果的に英文法の力も測れてしまうのですからね。実際に，共通テストでもこんな問題が出ています。

▶第2回試行調査（第3問A／問1）

I went with my friend Takuya to his high school festival. I hadn't been to a Japanese school festival before. We first tried the ghost house. It was well-made, using projectors and a good sound system to create a frightening atmosphere.

Then we watched a dance show performed by students. They were cool and danced well. It's a pity that the weather was bad. If it had been sunny, they could have danced outside. At lunch time, we ate Hawaiian pancakes, Thai curry, and Mexican tacos at the food stalls. They were all good, but the Italian pizza had already sold out by the time we found the pizza stall.

In the afternoon, we participated in a karaoke competition together as both of us love singing. Surprisingly, we almost won, which was amazing as there were 20 entries in the competition. We were really happy that many people liked our performance. We also enjoyed the digital paintings and short movies students made.

At the school festival, ＿＿＿ .

① most food at the stalls was sold out before lunch time
② the dance show was held inside due to poor weather
③ the ghost house was run without electronic devices
④ the karaoke competition was held in the morning

解答根拠の該当箇所は第 2 段落第 4 文，If it had been sunny, they could have danced outside.「もし晴れていたら，彼らは外でダンスができたのに」の部分です。この 1 文には仮定法が使われていて，実際は「晴れていなかったので，外ではダンスができなかった」ですから，これを直説法《ちょくせつほう》で言い換えた②が正解です。とても基本的な事柄ですが，このように，**英文法の知識はリーディングでも問うことができ**るのです。

少し話はそれますが，学校教育の英語は，30 年以上にわたり一貫して「コミュニケーション」の重視にかじを切ってきました。一般的に英文法＝4 択問題，というようなイメージがあったからでしょうか，**コミュニケーション重視＝英文法軽視という風潮が年々強まっていま**す。

しかし，英語は日本語と大きく異なる言語です。意識的に学んだかあるいは無意識に習得したかどうかによらず，I love you. の意味を正しく理解できるのは，じつは英文法の知識を使っているからなのです。英文法について最低限の正しい理解がないと，正しく英語を運用することはできません。

　では，最低限の英文法力を身につけるにはどうすればよいのでしょうか。共通テストを解くのに必要なのは，英文の基本構造を理解し，「不定詞とはどのようなはたらきをするのか」「比較の文はどのような構造をしているのか」といった，それぞれの文法項目の基本を自分の言葉で説明できることです。

　この力を身につけるのに必要なのは，**まず学校の教科書を徹底的に理解する**ことです。コミュニケーション重視になっているとはいえ，高校の教科書には文法的な説明がきちんとありますね。その部分をしっかり読んで，読んでもよくわからないところは参考書で確認するという姿勢が大切です。**参考書は，できれば例文がたくさん載っているもの**を選んでください。例文を通して英文法を学んでいくことが，最終的にはライティングにもつながります。

2　基本的な語彙を習得する

　これも共通テストに限った話ではありませんが，英語力を上げるためには語彙（単語・熟語）の習得は不可欠です。単語を知らなければ英語を運用することはできません。ここはどうしても暗記が必要な部分です。

　ところで，単語を覚えるというと，いわゆる「単語集」を使って暗記するというイメージをもたれがちですが，ほんとうにそうでしょうか。単語集を使って勉強することは否定しませんし必要なことだとも思いますが，もっと大切なことは，**読んだり聴いたりした英文の中で出合った英単語をしっかり覚えていくという姿勢**です。**共通テストを解くのに必要とされる英単語は教科書レベル**なので，高校3年分の教科書に出てくる英単語をしっかりと覚えていけば，共通テスト対策に必要な英単語は確実に習得できます。

　めんどうくさがらずに，**辞書を引きましょう**。辞書にはいろいろな用法が載っているのできらいだという人もいますが，その場面で用いられている最低限の品詞・意味・例文を確認して，その場面での用法を覚えるだけで十分です。そうやって覚えた単語でも，知っている意味が場面に合わないときにはもう一度辞書を引き，さらに別の用法を確認していくことを続けていけばよいのです。
　では，反対に「単語集」を使って勉強するのはどんなときに有効でしょうか。私は，2つの場面があると思います。

　第一は，**中学の英単語の理解が不十分**な場合。中学までの英語の学習が不十分な場合は，たとえどんなに高校の教科書で学んでも追いつきません。こういう場合には，基礎レベルの単語集を使って自分の不足を補うとよいでしょう。同じことは，高1・2で英語を少しサボってきた人が途中で心を入れかえて勉強に取り組もうと思ったときにも当てはまりますね。
　第二は，**入試直前期**。このときには，教科書などを使って覚えてきた英単語の知識にもれがないかどうかをチェックしましょう。その場合は，単語集を使って単語を覚えるというよりも，単語集をチェックリストとして抜け・もれの確認に使うと効果的でしょう。
　共通テストに向けて英単語を学習するときにもう一つ提案したいのが，**動詞の言い換えを意識する**ということです。
　たとえば，第2回試行調査の第1問Bでは，本文にあたるウェブサイト上に書かれているparticipate（「参加する」）が，選択肢でtake part inと言い換えられています。このように，多くの動詞は，〈基本的な動詞＋前置詞（または副詞）〉で言い換えることができますが，動詞を覚えるときには，日本語の意味を覚えるだけでなく，このような言い換えも意識して確認していくことがリーディング対策としても有効です。

3　英文の構成を意識する

　共通テスト・リーディングの1つの特徴は，文章全体の概要・要点の把握や全体構成の理解を試す問題が多いということです。本格的な論説文が出題されるわけではありませんが，**前の文と次の文にどのようなつながりがあるのか，前のパラグラフと次のパラグラフにどのようなつながりがあるのかといったことを意識して読む**だけでも正答率がだいぶ上がります。
　先述したように，共通テスト・リーディングの問題をCEFRレベルに換算すると，第1〜3問AはA1，第1〜3問BはA2，第4〜6問がB1と，それぞれのレベルに応じて作問されています。CEFRレベルが異なるということは，必要な英単語レベルもそれに応じてコントロールされて文章がつくられているということですから，同じレベルの英文を使って演習していくことが有効な対策といえるでしょう。

具体的には，**英検3〜2級対策の教材を用いるのが効果的**です。共通テストと同様，英検対策書の英単語レベルはCEFRに応じてコントロールされているので利用しやすいと思います。このレベルの英検の問題であれば低学年のうちから活用できるので，学校の教科書などと併用して，文と文，パラグラフとパラグラフのつながりを意識しながら取り組んでいくとよいでしょう。

第2段階の対策：共通テストに合わせた対策

ここまでの「第1段階の対策」に取り組んだら，今度はいよいよ「第2段階の対策」に移りますが，じつは，**第1段階の対策をしっかり行なっていれば，共通テスト専用の特別な対策はほとんど必要ない**というのが私の結論です。あえてあげるとすれば制限時間の80分以内に解答できるよう訓練することと，選択肢を吟味するポイントを知ることくらいですが，前者については「第1段階の対策」が不十分であることがおもな要因だと考えられますし，後者については各予備校の模試を継続的に受験して慣れていったり，各社が出している予想問題などに取り組んでどんな言い換えが見抜けなかったのかという点を確認したりできれば十分です。

共通テストは，高等学校学習指導要領で目標とされている英語力を有するかどうかを判断する試験です。したがって，学校の教科書レベルの内容がしっかり理解できていれば満点がとれるようにつくられています。この点はセンター試験でも同じ建前だったはずですが，センター試験特有といえる形式の問題があったため（たとえば第2問Cの応答文完成や，第3問Aの不要文選択など），現実としてはセンター対策が重視されてきました。高得点をねらう受験生でも，リーディングパートにあたる第 4 問以降は確実に得点できるものの，第 1 ～ 3 問で失点してしまって満点をとれないというケースが多かったのです。

共通テストは，上位生でも間違えやすかった第 1 ～ 3 問にあたる問題が消えたことによって英語の基礎が身についている受験生にとっては満点がとりやすい構成になったといえるでしょう。ですから，共通テストでなかなか目標点に届かないレベルの受験生であれば，共通テスト対策として何かをするよりも，前提となる英語力で欠けている部分を補うほうがずっと効果的なのです。

そのための方策が，前述した「第 1 段階の対策」です。地道に基礎を固めることが対策だというと，ここまで魔法のような対策を期待して読んできた人にはガッカリの結論かもしれませんが，別の言い方をすれば，高校でのふだんの学びを大切にしてきた人が報われる試験だということです。

基礎である英文法と語彙をしっかり身につけながらレベルに応じた英文読解に取り組んでいけば，共通テストでは間違いなく高得点がとれます。自信をもって地道な学習を続けていってください。

MEMO

第2節

共通テスト 英語[リスニング]の勉強法

——新野　元基（河合塾講師・受験コンサルタント）

共通テストにおけるリスニングの配点は，センター試験の２倍になりました。早い時期から意識的な対策を継続的に行なうことが必要です。

リスニングはセンター試験から劇的に変化！

センター試験にリスニングが導入された2006年以来，リスニング以外の「筆記」は200点，「リスニング」は50点の配点で固定されてきましたが，共通テストでは，「筆記」に変わる「リーディング」が100点，「リスニング」が100点と，配点が大きく変わります。もちろん，この比率は受験校における入試の配点によって変更されますが，問題自体は100点満点として作成されています。その結果，得点の変更だけでなく問題の構成にも，センター試験からの変化がかなり大きくみられます。以下，試行調査からわかる概要と大学入試センターが発表している変更点から，特徴的な部分を概観していきましょう。

	2019年センター試験	第２回試行調査
時　間	30分	30分
満　点	50点	100点
小問数	25	30
1問あたりの配点	2点	3～4点
語　数	読み上げ文：約1,160語 設問の選択肢：約640語	読み上げ文：約1,420語 設問の選択肢：約450語
読み上げ回数	2回	1～2回

センター試験と共通テストのちがい

1 問題構成

センター試験は25問×各2点で合計50点という構成でしたが，共通テストでは，満点が2倍になったことにともない解答すべき小問数が増えました。わずか5問の増加ですが，1つの小問で複数の正解を選ばせる設問が登場したため，マークすべき数は相当増えます。ただし，2倍になった満点に比例して小問数が増えたわけではないので，1問あたりの配点が従来の1.5～2倍である3～4点となっています。**配点が増したことによって1問のミスが大きな意味をもってしまう**ことになります。

設問数が増えたことなどにより，センター試験とくらべ，読み上げ文の語数は約300語増加しています。一方，後述するように，言葉ではなくイラストを選ばせる設問がかなり増えたため，設問数は増えているものの，印刷されている選択肢の語数は反対に減少しています。

2 読み上げ回数

読み上げ文の語数は300語ほど増えているのに，読み上げの時間が30分で変わらないのは不思議ですね。ある意味で，ここがセンター試験と共通テストとの最大のちがいですが，これは，**一部の問題の読み上げ回数が1回だけになった**ことが大きな要因です。センター試験ではすべての問題で2回読み上げられていました。国公立大2次試験や私立大入試で出題されているリスニング問題も，2回の読み上げが主流です。しかし，共通テストでは1回の読み上げと2回の読み上げの問題が混在することになります。

大学入試センターが発表している問題作成方針では，次のページのように明記されています（下線は筆者）。

> 読み上げ回数については，英語の試行調査の結果や資格・検定試験におけるリスニング試験の一般的な在り方を踏まえ，問題の数の充実を図ることによりテストの信頼性が更に向上することを目的として，1回読みを含める。十分な読み上げ時間を確保し，重要な情報は形を変えて複数回言及するなど，自然なコミュニケーションに近い英語の問題を含めて検討する。全ての問題を1回読みにする可能性についても今後検証しつつ，当面は1回読みと2回読みの両方の問題を含む構成で実施することとする。

ここに示されているように，共通テストで導入される予定であった民間試験のリスニングは，むしろ読み上げ1回のみのほうが主流です。実際のコミュニケーションの場面を考えると，2回ともまったく同じ言葉が流れてくることはないので，たしかに，1回の読み上げのほうが実態に即していますね。「第1章　第1節」で触れたように，共通テストの英語入試は2024年までは実施されるものの，そのあとは民間試験に一本化されるという計画であったため，リスニングも民間試験に近い形態をイメージしているのでしょう（なお，読み上げ回数が変更される場合には事前に告知される予定です）。

読み上げ回数が1回というのは，受験生にとっては望ましくないことでしょう。単純に，難しくなるという印象をもちますよね。ところが，平均点をみるとそうでもありません。第2回試行調査における高3生の平均点は59.10点です。センター試験・リスニングの平均点は，100点換算だと2019年は62.84点，2018年は45.34点ですから，共通テストで1回の読み上げだからといって難化したとはいえないようです。この理由の一つとしてあげられるのは，先述の出題方針にある「十分な読み上げ時間を確保し，重要な情報は形を変えて複数回言及する」という部分です。これまでのリスニングというと，該当箇所を聴き出して解答するというスタイルが中心であり，その部分を聴きのがすともう挽回できないという形式でした。しかし，共通テストでは，大事なところが最後にまとめられていたり言い換えられていたりするので，実質的には複数回読んでくれるのと同じだといえます。

3　CEFRに対応

リーディングと同様，リスニングも大問ごとにCEFR（セファール➡「第２章　第１節」）のレベルに応じて問題が作成されています。具体的には，第1～3問はA1～2，第4～6問がB1です（ただし，第2回試行調査では，第4問Aの問1のみがA2レベルでした）。

ところで，第2回試行調査では第1～3問が2回の読み上げで，第4～6問が1回の読み上げでした。つまり，問題が平易であるほうが2回の読み上げで，難しいほうが1回の読み上げなので，前半のほうが格段に得点しやすく，後半のほうが得点しにくいのです。**第1～3問の前半部分はしっかり得点したい**ところですね。

4　話者の多様化

大学入試センターが発表した問題作成方針には，こんな記載もあります。

> 音声については，多様な話者による現代の標準的な英語を使用する。

もう少し具体的にいうと，従来のセンター試験のリスニングではアメリカ英語だけが使われていましたが，**共通テストはアメリカ英語に限定されない**ということです。イギリス英語も出題される，というだけではありません。むしろ，読み上げるのはアメリカ人・イギリス人にかぎらず，場合によっては**ネイティブスピーカーでさえない可能性もある**，ということです。

これは，実際のコミュニケーションの場面を考えると当然のことです。グローバル化社会では英語が大事だといわれますが，実際には英語が母語ではない人のほうが圧倒的に多いのです。それでも英語がとくに重視されるのは，英語が多くの非ネイティブスピーカーによって使われる国際語であるからです。実際，日本に来た外国人に接すると，その人がどこの国から来た人であるかによらず，たとえば中国などアジアの国から来た人に対しても英語でコミュニケーションをとることが多いはずですね。こういった場面を考えると，むしろネイティブスピーカーではない人の英語を聴く機会のほうが多いのかもしれないのです。共通テストの新しい方針は，現実に即したものといえるでしょう。

特徴的な問題が試行調査で出ていました。これは，大学に入ったあとにどこの寮に入るかについて先輩のアドバイスを聞くというものですが，ある大学に留学するのにアメリカ人ばかりが寮にいるのもおかしな話ですよね。場面に合わせ，読み上げ音声には，なんと日本人と思われる人（しかも，発音はあまりじょうずではありません）まで含まれていました。

▶第２回試行調査（第４問Ｂ／問１）

第４問Ｂは**問１**の１問です。四人の説明を聞き，問いの答えとして最も適切なものを，選択肢のうちから選びなさい。メモを取るのに下の表を使ってもかまいません。**1回流します**。

状況

あなたは大学に入学した後に住むための寮を選んでいます。寮を選ぶにあたり，あなたが考えている条件は以下のとおりです。

条件

A. 同じ寮の人たちと交流できる共用スペースがある。

B. 各部屋にバスルームがある。

C. 個室である。

ここは共通テストの大きな特徴として注目されている点ですが，受験生のみなさんはあまり神経質にならなくてよいと思います。学校の授業で最もなじみがあるのは先生やペアワーク・グループワークで聴くことになる友人の英語ですし，外国人指導助手（ALT / AET）の先生の出身地も多岐にわたることでしょう。英会話スクールに通っても，アメリカ人やイギリス人の先生のほうがむしろ少ないかもしれませんね。**みなさんがふだん英語を学ぶ環境にはもともと多様な話者の英語が混在している**のですから，特別な対策は何も要りません。

5 設問形式の変化

設問形式もだいぶ変わります。以下の表に大問構成をまとめてみました。色網がついている，第2回試行調査・第3問以外は，センター試験で出題されていなかった形式です。つまり，センター試験と共通テストは，同じリスニングといってもだいぶ異なる出題になっています。細部の特徴を見てきましょう。

2019年センター試験		
第1問		短い対話を聴いて質問に答える
第2問		短い対話を聴いて応答を完成させる
第3問	A	短い対話を聴いて質問に答える
	B	長い対話を聴いて質問に答える
第4問	A	長いモノローグを聴いて質問に答える
	B	長い会話を聴いて質問に答える

第2回試行調査		
第1問	A	英文を聴いて内容が一致する英文を選ぶ
	B	英文を聴いて内容が一致するイラストを選ぶ
第2問		対話を聴いて内容が一致するイラストを選ぶ
第3問		短い対話を聴いて質問に答える
第4問	A	モノローグを聴いてまとめを完成させる
	B	複数のモノローグを聴いて条件に合う選択肢を選ぶ
第5問		長い講義を聴いてまとめを完成させる
第6問	A	長い対話を聴いて要点をまとめる
	B	講義と質疑応答を聴いて意見を選択する

a：読み上げ文の多様化

第1問A・Bはいずれも，放送される英文が1人の話者によって読み上げられる短い英文を聴き取る問題ですが，これは，対話が中心だったセンター試験にはみられなかった傾向です。2019年センター試験では，モノローグ（話者1人）の問題は第4問Aだけでした。反対に，3人以上の話者が登場するのも第4問Bだけであり，ほかはすべて2人の対話でした。一方，共通テストは，第1問だけでなく第4・5問もモノローグであり，第6問Bのように講義と質疑応答といった実践的なやり取りも出ています。全体として，**読み上げ文の形式・場面が多様化している**といえるでしょう。

b：文法にもとづいた正確な理解の測定

リスニングと文法は無関係だと思われがちですが，「第２章　第１節」でも述べたように，英文法の理解がきちんとできているかどうかは，リーディングの形式でもリスニングの形式でも問うことが可能なのです。それを示すのが以下の例です。

第2回試行調査のリスニングの中でじつは最も正答率が低かったのがこの設問です。読み上げられた英文はHe got a phone call from Joe as soon as he arrived home from the library.「彼は図書館から家に着くとすぐに，ジョーから電話をもらった。」ですが，正解はどれだかわかりますか？

▶第2回試行調査（第1問B／問1）

第1問Bは**問1**から**問3**までの**3**問です。それぞれの問いについて，聞こえてくる英文の内容に最も近い絵を，四つの選択肢（①～④）のうちから一つずつ選びなさい。2回流します。

問 1

①

②

③

④

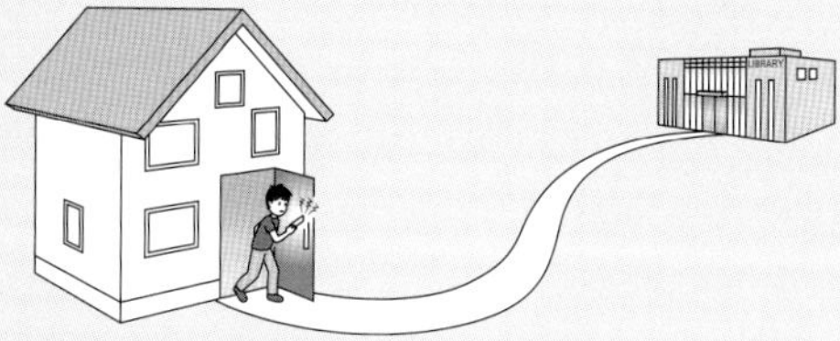

正解は①です。この設問は，arrived home の部分が聴き取りにくく，誤った解答を選んでしまった人が多かったようです。as soon as ～「～するとすぐに」という接続詞の知識が前提となります。この試行調査では，問 2 も too ～ to …という不定詞の重要表現の知識，問 3 も過去完了という時制の知識を前提としており，**正しい英文法の知識が習得できているかどうかをリスニングの形式で試す設問**は，今後も出題されるといってよいでしょう。

c：複数の情報から要点をまとめて判断

共通テストは「学力の３要素（思考力・判断力・表現力）」（➡「第１章　第２節」）を問う試験です。このポリシーはリスニングにもしっかり反映されています。実際に，会話の設問でセンター試験と共通テストを比較してみましょう。

▶2019 年センター試験（第４問Ｂ／問 23）

According to Janet, what is the main reason for adopting dogs?

① Shelter dogs need a health check.
② Shelter dogs need a loving home.
③ Shelter dogs need to be given up.
④ Shelter dogs need to be trained.

スクリプト

Ken : Hi, Nicolas. How are you?

Nicolas : Hey, Ken, I'm good. I was just telling Janet that I'm thinking about getting a new pet —— a dog —— and she was giving me some advice. She thinks I should go to the animal shelter ... , you know, the place where they take animals that are wild or are not wanted. Right, Janet?

Janet : Yeah. I think Nicolas should adopt one of the dogs from the shelter. They are usually given away. And most importantly, all the dogs need a new home and family to love them. But I'm not sure that Nicolas thinks it's a good idea.

正解は②「保護施設の犬は，愛情に満ちた家を必要とする。」です。この設問で聴き取らなければならない箇所は下線部です。この部分を聴き取り，②がその書き換えに当たるということがわかれば正解できます。つまり，**放送文の一部がわかればよい**のです。

一方，以下の共通テストの設問はどうでしょうか。発言者が順番に主張を述べていくわけではなく，自然な会話が続いています。また，Fred の主張は発言の中で繰り返されていますね。

▶第２回試行調査（第６問Ａ／問１）

What is Fred's main point?

① Video games do not improve upper body function.
② Video games do not represent the actual world.
③ Video games encourage a selfish lifestyle.
④ Video games help extend our imagination.

スクリプト

Fred : Are you playing those things again on your phone, Yuki?
Yuki : Yeah, what's wrong with playing games, Fred?
Fred : Nothing. I know it's fun; it enhances hand-eye condition. I get that.
Yuki : Oh, then you're saying it's too violent; promotes antisocial behavior —— I've heard that before.
Fred : And, not only that, those games divide everything into good and evil. Like humans versus aliens or monsters. The real world is not so black and white.
Yuki : Yeah ... We are killing dragons. But we learn how to build up teamwork with other players online.
Fred : Building up teamwork is different in real life.
Yuki : Maybe. But still, we can learn a lot about how to work together.
Fred : Well, I'll join you when you have a game that'll help us finish our homework.

下線部は最低限聴き取れなければならない箇所ですが，Yuki とのやりとりを聴きながら全体の要点を把握する必要もあります（正解は

②です)。このように，**複数の情報を聴き取り，それらを比較・判断することによって解答しなければならない**点が「思考力・判断力」を問う共通テストの大きな特徴です。

d：イラストやノートまとめの問題

共通テストの選択肢には，イラストが増え，講義を聴きながらノートをとるという，従来にはなかった設定もあります。これまでは，リスニングというと，読み上げられた英文を書き換えた選択肢が正解となり，ダミーとなる選択肢は英文中に出てくる単語を組み合わせてつくられたもの，というケースが目立ちました。つまり，聞こえた単語が書いてある選択肢に飛びつくと間違える，というパターンです。もちろん，試行調査でもこういった問題は出ていますが，**c**で述べたように，部分の聴き取りだけでなく，全体を聴き取り複数の情報から要点をまとめる力を意識的に試すようになり，結果的に，全体の状況を説明するイラストが入った問題や，ノートをとるといった設定の問題との親和性が高まりました。印刷された英文を読む手間は減りましたが，むしろ**聴き取りとして求められるレベルは上がっている**と考えるべきでしょう。

リスニング対策の学習法

ここまで述べてきたように，共通テストのリスニングは，みなさんの英語力を多面的に試す意欲的な出題です。では，この新傾向にどのように対応していけばよいのでしょうか。

1　基礎となる英文法を固める

リスニングでも，まず基礎は「英文法」です。文の基本的な構造・成り立ちがわかっていなければいくら英文を聴いても単語の羅列でしかなく，意味が理解できないからです。これは「第２章　第１節」で述べたことと同じですが，**参考書などを活用し，なるべく多くの例文に触れながら，教科書に出てくる基本文法を早期に習得してください。**

2 英文を英語の語順で理解できるように訓練する

一方，英文法を理解し英語を正確に読んだり書いたりすることができる人でも，リスニングは苦手という人が少なくありません。こういった人のほとんどは，英文を日本語に訳すことに慣れすぎてしまい，**英文を語順どおりに理解することができない**のです。

80ページで紹介した第2回試行調査の第1問B／問1をもう1度例にとりましょう。読み上げられた英文はHe got a phone call from Joe as soon as he arrived home from the library.ですが，これを日本語に訳すと，「彼は図書館から家に着くとすぐに，ジョーから電話をもらった。」となります。しかし，これではもとの英文の語順とは大きくちがいますよね。ふだんからこう訳すことに慣れてしまっている人は，リスニングでも，**英文を聴きながら脳内で日本語の語順に転換しようとしてしまい，結局追いつかなくなって聴き取れなくなってしまう**のです。リーディングの勉強をするときに日本語訳を参照するくせがある人はとくに気をつけましょう。

では，こういう状況から脱却するためにはどうすればよいのでしょうか。

ふだんのリーディングの学習，学校の授業でいえばコミュニケーション英語の**教科書を読むときに，英語の語順どおりに読めるよう徹底する**のです。たとえば先の英文は，「彼はもらった／電話を／ジョーから／彼が家に着いてすぐに／図書館から」という語順で読みましょう。ここでは日本語で書きましたが，この語順を，日本語ではなく英語のままで理解できるようになるのが目標です。

こういう「語順読み」ができるようになるためには，前提として英文法の理解がなければなりません。文法の理解がなければたんに単語の意味だけを追いかけるだけになってしまい，英文を正しく理解できないからです。もっとも，慣れないうちは複雑な英文をきちんと日本語訳することも大切ですから，はじめからそうするのではなく，復習時に徹底するとよいでしょう。**1度きちんと読んで理解した英文をなるべく英語の語順で繰り返し読み，最終的には意味をそのまま理解できるようにすればよい**のです。あとで述べる「音読」をしながらこの語順読みを進めていくことが，リスニングだけでなくリーディング対策にもつながる有効な学習法です。

3 音読しながら単語を学ぶ

リスニングが苦手だという人に質問です。この1週間で，音読は何回しましたか。もしその答えが「0回」や「1回」であれば，リスニングが苦手なのは当然だと思ってください。**音読をせずにリスニングが得意になることはありません！**

私は，**音読がリスニング学習の基本**だと考えています。それは，**自分が発音できない単語は聴き取ることができない**という前提があるからです。

たとえば，以前私が働いていた塾の近くに“glove”という名前の店があったのですが，そこの店員は，電話に「はい，『グローブ』です！」といって出ていました。たしかに，野球のグローブは「グローブ」といいますが，glove という単語の英語の正しい発音は「グラヴ」です。もしこの店員が客から電話で「そちらは『グラヴ』さんですか？」と聞かれたらどうするでしょうか。たぶん，「いえ，うちは『グローブ』です」と答えるでしょうね。

この例からわかるように，たとえ**知っていた単語も正しい発音を知らない単語，つまり自分で正しく発音できない単語は，読み上げられても認識することができない**のです。リスニングの基本はまず自分で発音できる英単語を増やすことです。

第一に，**英単語を覚えるときにはきちんと音読**してください。多くの電子辞書では，音声を聴くことができますね。その音を聴いて同じように発音してみましょう。この習慣づけを単語学習にとり入れてください。単語集で学習する場合でも，いまはほとんどの本に音声がついているので，それを活用するとよいでしょう。

第二に，**リーディングの学習では音読**をとり入れてください。具体的には，以下の2つの方法を参照してみましょう。

- **リピーティング**：英文を1文ずつ再生して一時停止し，それを聞こえたとおりに自分で声に出して読むという訓練です。最初は英文（スクリプト）を見ながら行なってもかまいません。しかし，慣れてきたらスクリプトなしで読んでみましょう。
- **オーバーラッピング**：英文を見ながらお手本の音声を再生し，その音声に自分の声を重ねるように読んでいく訓練です。最初はうまくできないので，パラグラフごとに区切ってみたり，同じパラグラフを何回も繰り返してみたりするとよいでしょう。

この2つを，音声が利用できる教材で繰り返しましょう。2で述べたリーディングの学習と連動させていけば効率的なので，学校の教科書など一度はしっかり読んでいて不明箇所がない素材を使って取り組んでいくことをお勧めします。

4　音声のルールを意識する

ここまでの対策は，リスニングだけでなく，リーディングをはじめとするすべての英語学習に通じる面をお話ししてきましたが，最後にリスニング特有の対策をお話しします。

試行調査の音声が大学入試センターのホームページにアップロードされているので，ぜひ1度試聴してみてください。とくに第1問の短い英文を聴き取る設問で顕著なのですが，従来のセンター試験にくらべてだいぶ**ナチュラルなスピードで読まれている**ことがわかります。

たとえば，たびたび引用している第2回試行調査の第1問B／問1の英文 He got a phone call from Joe as soon as he arrived home from the library.「彼は図書館から家に着くとすぐに，ジョーから電話をもらった。」がホームページ上の音声ではどう読まれているのかわかりましたか。単語が1つずつていねいに読み上げられているわけではなく，むしろ単語と単語がつながったりしていることがわかります。

ここには，英語と日本語の音に関する大きなちがいが関係しています。日本語の場合，五十音に相当する音は1つずつはっきりと読まれますね。もちろん，それぞれの語にアクセントはあります。しかし，たとえば，先に示した日本語訳にある「かれ」が強く読まれ，「は」が弱く読まれる，などということは基本的にはありません。

ところが，英語ではそうではありません。**強く発音される語と弱く発音される語があらかじめ決まっていて，強く発音される語はゆっくり，弱く発音される語は速く読まれる**のです。さらには，1音ずつはっきり読まれるとはかぎらず，ほかの音といっしょに読まれたりします。

以下，最低限知っておきたい音のルールをあげておきます。

- **強形《きょうけい》と弱形《じゃっけい》**：強く（結果的に比較的ゆっくり）読まれるのは「内容語」と呼ばれる語です。原則として，名詞・動詞・形容詞・副詞など文の意味を伝えるために必要な語が該当します。一方，冠詞・助動詞・be動詞・前置詞・接続詞などおもに文法的な役割を担う「機能語」という語は，原則として弱く（速く）読まれます。たとえば，接続詞のandは「アンド」という発音で覚えられがちですが，これは強く読まれる場合（強形）の発音であり，機能語として弱く読まれる場合（弱形）には，ほとんど「アン」か「ン」としか聞こえないのです。私たちはふだん強形のみの発音を覚えがちですが，辞書には2種類の発音が書かれています。**リスニングに強くなるためには，機能語の弱形の発音に慣れることが必要です。**
- **連結**：子音で終わる単語のあとに母音で始まる単語が続いた場合に起こるのが「連結」です。たとえば，had enoughは，子音［d］と母音［e］が結びついてあたかも1語であるかのように「ハディナフ」と読まれます。
- **同化**：並んでいる2つの音が，発音しやすいよう別の音に変わってしまう現象が「同化」です。最も有名な例は，アメリカ英語のwant toです。正確には「ウォント　トゥ」と読まれるはずですが，[t]の音が連続すると発音しにくいので，「ウォナ」のように，ttが[n]に似た音に変わってしまうのです（この発音から，wannaという別の単語までできました）。

英語教育でコミュニケーション重視がさけばれているので，みなさんはリスニングにかなり熱心に取り組んできているはずですが，こういうルールを明確に学ぶケースは非常に少ないと思います。リスニングはしばしば「慣れ」だといわれますが，先述のような**ルールも知らずにただ英文を聴いてもリスニング力はなかなか上達しません。**ルールを知り，音読のときに意識しながら練習を繰り返すことによってはじめてリスニング力は向上したといえるのです。

第3節 共通テスト 数学Ⅰ・A／数学Ⅱ・Bの勉強法

——伊東　敦（河合塾講師）

センター試験が共通テストに変わることによって，解法暗記一辺倒の勉強法では通じなくなりました。試行調査からみえる共通テストの対策法をふまえて，これまでの自分の数学の勉強法を見つめ直しましょう！

センター試験と共通テストのちがい

以下の表をご覧ください。

	センター試験	共通テスト
数学Ⅰ・A	マーク式	マーク式
	60分	70分
数学Ⅱ・B	マーク式	マーク式
	60分	60分

数学Ⅰ・Aの試験時間が60分から70分に延びるものの，当初予定されていた記述式が出題されないことが決まったため，形式面の変化はありません。このことから，「センター試験とはさほど変わらないのかな？」と思うかもしれませんが，試行調査をみるかぎり，そんなことはまったくありません。**共通テストでは，問題自体の傾向もセンター試験から大きく変わっている**のです。

大学入試センターは，共通テストの作成方針として，「『知識・技能』や『思考力・判断力・表現力』を問う」と発表しています。「知識・技能」の部分についてはセンター試験でもそうだったように基本概念の理解や定理・公式の運用をさしていると思われますが，ここに新しく，「思考力・判断力・表現力」という項目が追加されています。この点については，次の項目で細かく分析をしてきましょう。

また，各問題の単元と配点は，次のページのとおりです。

数学Ⅰ・A

試験	区分	大問	単元	配点
第2回試行調査	必答	第1問	〔1〕 数と式（集合と論理）	8点
			〔2〕 2次関数	6点
			〔3〕 図形と計量	5点
			〔4〕 図形と計量	6点
		第2問	〔1〕 図形と計量，2次関数	16点
			〔2〕 データの分析	19点
	2問選択	第3問	場合の数と確率	20点
		第4問	整数の性質	20点
		第5問	図形の性質	20点
第1回試行調査	必答	第1問	〔1〕 2次関数	非公表
			〔2〕 図形と計量	
		第2問	〔1〕 2次関数	
			〔2〕 データの分析	
	2問選択	第3問	場合の数と確率	
		第4問	整数の性質	
		第5問	図形の性質	
2020年センター試験	必答	第1問	〔1〕 数と式	10点
			〔2〕 数と式（集合と論理）	8点
			〔3〕 2次関数	12点
		第2問	〔1〕 図形と計量	15点
			〔2〕 データの分析	15点
	2問選択	第3問	場合の数と確率	20点
		第4問	整数の性質	20点
		第5問	図形の性質	20点

数学Ⅱ・B

試験	区分	大問	単元	配点
第2回試行調査	必答	第1問	〔1〕　三角関数	6点
			〔2〕　微分・積分	11点
			〔3〕　指数・対数関数	13点
		第2問	〔1〕　図形と方程式	19点
			〔2〕　図形と方程式	11点
	2問選択	第3問	確率分布と統計的な推測	20点
		第4問	数　列	20点
		第5問	ベクトル	20点
第1回試行調査	必答	第1問	〔1〕　図形と方程式	非公表
			〔2〕　指数・対数関数	
			〔3〕　三角関数	
			〔4〕　式と証明	
		第2問	微分・積分	
	2問選択	第3問	数　列	
		第4問	ベクトル	
		第5問	確率分布と統計的な推測	
2020年センター試験	必答	第1問	〔1〕　三角関数	15点
			〔2〕　指数・対数関数	15点
		第2問	微分・積分	30点
	2問選択	第3問	数　列	20点
		第4問	ベクトル	20点
		第5問	確率分布と統計的な推測	20点

以下，出題に関するいくつかの特徴をあげていきます。

- 数学I・Aの第2回試行調査では，「図形と計量」の出題が多めである。これは，この単元が日常生活に結びつく問題をつくりやすいためであると考えられる（この点については，以下でくわしく解説する）。
- 数学II・Bの試行調査では，「図形と方程式」「式と証明」の問題が出題されている。これらの単元は，センター試験での出題頻度は低かった。大学入試センターは，共通テストにおいて極力すべての単元から出題すると発表している。これらの出題はその方針のあらわれであると予想される。

試行調査から共通テストの数学を丸裸にしよう！

試行調査の出題は，以下の4つに分類されます。

❶ センター試験と同様の形式の問題
❷ 会話形式の問題
❸ 数学を日常生活などに活用する問題
❹ 定理を証明する問題

1つずつみていきましょう。

1 センター試験と同様の形式の問題（＝❶）

センター試験と同じように，**純粋な穴埋め形式の問題も出ています。**

▶第2回試行調査〔数学II・B〕（第1問〔1〕）

Oを原点とする座標平面上に，点A $(0,\ -1)$ と，中心がOで半径が1の円 C がある。円 C 上に y 座標が正である点Pをとり，線分OPと x 軸の正の部分とのなす角を θ $(0 < \theta < \pi)$ とする。また，

円 C 上に x 座標が正である点 Q を，つねに $\angle \mathrm{POQ} = \dfrac{\pi}{2}$ となるようにとる。次の問いに答えよ。

(1)　P，Q の座標をそれぞれ θ を用いて表すと

P（ [ア] ， [イ] ）

Q（ [ウ] ， [エ] ）

である。 [ア] ～ [エ] に当てはまるものを，次の ⓪ ～ ⑤ のうちから一つずつ選べ。ただし，同じものを繰り返し選んでもよい。

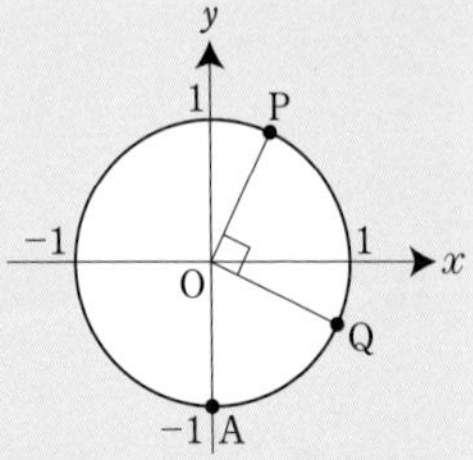

⓪　$\sin\theta$　　①　$\cos\theta$　　②　$\tan\theta$

③　$-\sin\theta$　　④　$-\cos\theta$　　⑤　$-\tan\theta$

(2)　θ は $0 < \theta < \pi$ の範囲を動くものとする。このとき線分 AQ の長さ l は θ の関数である。関数 l のグラフとして最も適当なものを，次の ⓪ ～ ⑨ のうちから一つ選べ。 [オ]

⓪
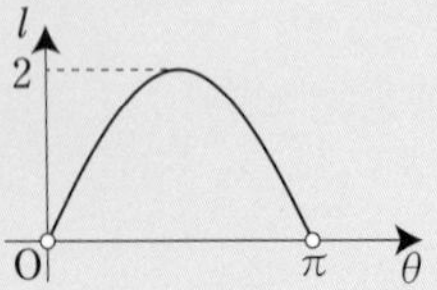

①
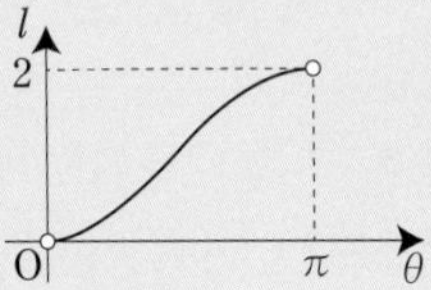

②
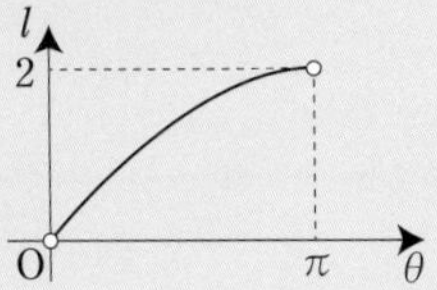

③
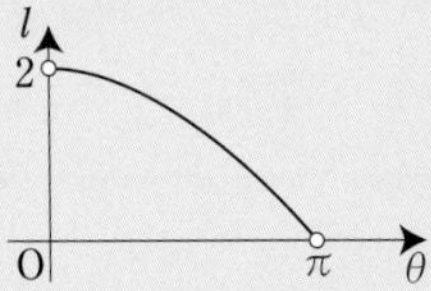

④
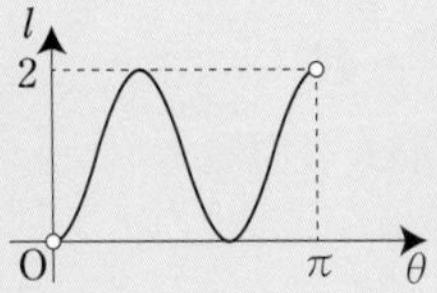

⑤
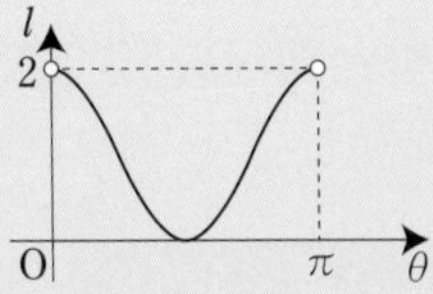

⑥
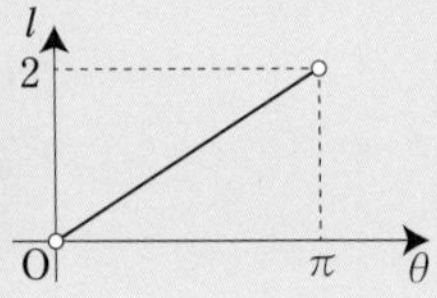

⑦
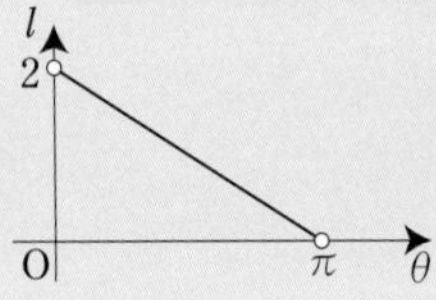

⑧

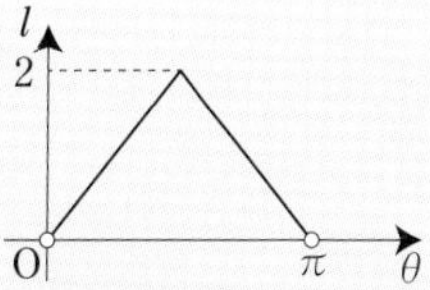

⑨

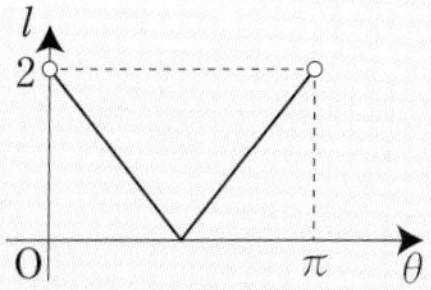

以上の問題形式は，センター試験と同様です。ただし，問題文が長いわりには空欄が少なく，**計算力よりも数学に対する正しい理解が問われている**という新たな特徴がみられます。

また，試行調査では，本問のように**「正しいグラフを選択する問題」が各分野で出題されています**。センター試験ではグラフがらみの問題は少なかったことから，この点には注意が必要です。

2　会話形式の問題（＝❷）

「太郎さん」と「花子さん」が登場し，2人の会話の中で課題を解決していく形式です。

▶第1回試行調査〔数学Ⅱ・B〕（第1問〔4〕）

先生と太郎さんと花子さんは，次の問題とその解答について話している。三人の会話を読んで，下の問いに答えよ。

【問題】

x，y を正の実数とするとき，$\left(x+\dfrac{1}{y}\right)\left(y+\dfrac{4}{x}\right)$ の最小値を求めよ。

【解答A】

$x>0$，$\dfrac{1}{y}>0$ であるから，相加平均と相乗平均の関係により

$$x+\frac{1}{y}\geqq 2\sqrt{x\cdot\frac{1}{y}}=2\sqrt{\frac{x}{y}}\qquad\cdots\cdots①$$

$y>0$，$\dfrac{4}{x}>0$ であるから，相加平均と相乗平均の関係により

$$y+\frac{4}{x}\geqq 2\sqrt{y\cdot\frac{4}{x}}=4\sqrt{\frac{y}{x}}\qquad\cdots\cdots②$$

である。①，②の両辺は正であるから，

$$\left(x+\frac{1}{y}\right)\left(y+\frac{4}{x}\right) \geqq 2\sqrt{\frac{x}{y}}\cdot 4\sqrt{\frac{y}{x}}=8$$

よって，求める最小値は 8 である。

【解答 B】

$$\left(x+\frac{1}{y}\right)\left(y+\frac{4}{x}\right)=xy+\frac{4}{xy}+5$$

であり，$xy>0$ であるから，相加平均と相乗平均の関係により

$$xy+\frac{4}{xy} \geqq 2\sqrt{xy\cdot\frac{4}{xy}}=4$$

である。すなわち，

$$xy+\frac{4}{xy}+5 \geqq 4+5=9$$

よって，求める最小値は 9 である。

先生「同じ問題なのに，解答 A と解答 B で答えが違っていますね。」

太郎「計算が間違っているのかな。」

花子「いや，どちらも計算は間違えていないみたい。」

太郎「答えが違うということは，どちらかは正しくないということだよね。」

先生「なぜ解答 A と解答 B で違う答えが出てしまったのか，考えてみましょう。」

花子「実際に x と y に値を代入して調べてみよう。」

太郎「例えば $x=1$，$y=1$ を代入してみると，$\left(x+\frac{1}{y}\right)\left(y+\frac{4}{x}\right)$ の値は 2×5 だから 10 だ。」

花子「$x=2$，$y=2$ のときの値は $\frac{5}{2}\times 4=10$ になった。」

太郎「$x=2$，$y=1$ のときの値は $3\times 3=9$ になる。」

（太郎と花子，いろいろな値を代入して計算する）

花子「先生，ひょっとして［ シ ］ということですか。」

先生　「そのとおりです。よく気づきましたね。」
花子　「正しい最小値は［ス］ですね。」

(1)　［シ］に当てはまるものを，次の⓪〜③のうちから一つ選べ。

⓪　$xy+\dfrac{4}{xy}=4$ を満たす x，y の値がない

①　$x+\dfrac{1}{y}=2\sqrt{\dfrac{x}{y}}$ かつ $xy+\dfrac{4}{xy}=4$ を満たす x，y の値がある

②　$x+\dfrac{1}{y}=2\sqrt{\dfrac{x}{y}}$ かつ $y+\dfrac{4}{x}=4\sqrt{\dfrac{y}{x}}$ を満たす x，y の値がない

③　$x+\dfrac{1}{y}=2\sqrt{\dfrac{x}{y}}$ かつ $y+\dfrac{4}{x}=4\sqrt{\dfrac{y}{x}}$ を満たす x，y の値がある

(2)　［ス］に当てはまる数を答えよ。

以上は最小値を求める問題ですが，ここでは，「先生」によって，相加《そうか》平均と相乗《そうじょう》平均の関係を誤って用いたために間違えている答案が示されています。「太郎さん」と「花子さん」の2人は，その誤りの理由を話し合って解決していきます。

この間違え方は非常によくあるタイプなので，学校や予備校の授業で1度は聞いたことがあるかもしれませんが，**問題の解法のみを暗記する勉強法では太刀打ちできません**。これを解くためには，定理や公式を正しく理解して使っていくことが必要であり，そのためには，**教科書の例題などの解答にある一つひとつの式の意味を考えていくことが大切**です（先の例では，「相加平均・相乗平均の大小関係」の等号成立条件が話題になっています）。この問題以外にも，試行調査のかなり多くの問題で「太郎さん」と「花子さん」が登場しており，**共通テストの最も大きな特徴は会話形式**であるといえるでしょう。

3　数学を日常生活などに活用していく問題（＝❸）

大学入試センターは，これらの形式を「日常生活や社会の事象などを題材とする問題」とよんでいます。では，これらにひそむ数学的な問題を解決するにはどんな力が必要なのでしょうか。

▶第2回試行調査〔数学Ⅰ・A〕（第1問〔3〕）

久しぶりに小学校に行くと，階段の一段一段の高さが低く感じられることがある。これは，小学校と高等学校とでは階段の基準が異なるからである。学校の階段の基準は，下のように建築基準法によって定められている。

高等学校の階段では，蹴上《けあ》げが18cm以下，踏面《ふみづら》が26cm以上となっており，この基準では，傾斜は最大で約35°ある。

【建築基準法による階段の基準】

*下の図は，階段の傾斜が基準内で最大のときを表している。

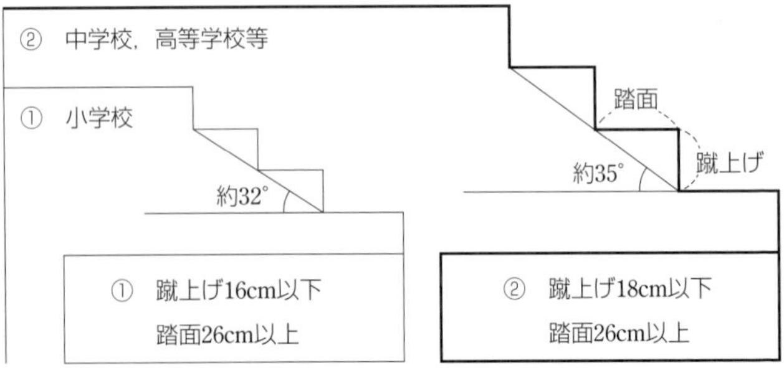

階段の傾斜をちょうど33°とするとき，蹴上げを18cm以下にするためには，踏面をどのような範囲に設定すればよいか。踏面を$x$cmとして，xのとり得る値の範囲を求めるための不等式を，33°の三角比とxを用いて表せ。解答は，解答欄に記述せよ。ただし，踏面と蹴上げの長さはそれぞれ一定であるとし，また，踏面は水平であり，蹴上げは踏面に対して垂直であるとする。

（本問題の図は，「建築基準法の階段に係る基準について」（国土交通省）をもとに作成している。）

ここでは，「蹴《け》上《あ》げ」や「踏面《ふみづら》」という建築上の専門用語を理解したうえで，満たすべき不等式を記述します。本番の共通テストでは記述式問題が出ないことが決まったので，正しい不等式を選択肢の中から答える形式になると予想されます。

また，試行調査よりも前に大学入試センターが発表したモデル問題には，次のようなものもありました。

▶「大学入学共通テスト(仮称)」記述式問題のモデル問題例〔2018年〕〔例4〕

花子さんと太郎さんは，次の記事を読みながら会話をしている。

＝公園整備計画＝　広場の大きさどうする？

〈*写真は省略〉

○○市の旧県営野球場跡地に整備される県営緑地公園（仮称）の整備内容について，緑地公園計画推進委員会は15日，公園のメイン広場に地元が生んだ武将△△△△の銅像を建てる案を発表した。県民への憩いの場を提供するとともに，観光客の誘致にも力を入れたい考え。

ある委員は，「銅像の設置にあたっては，銅像と台座の高さはどの程度がよいのか，観光客にとって銅像を最も見やすくするためには，メイン広場の広さはどのくらいあればよいのか，などについて，委員の間でも様々な意見があるため，今後，実寸大の模型などを使って検討したい」と話した。

花子：銅像と台座の高さや，広場の大きさを決めるのも難しそうね。

太郎：でも，近づけば大きく見えて，遠ざかれば小さく見えるというだけでしょ。

花子：写真を撮るとき，像からどのくらいの距離で撮れば，銅像を見込む角を大きくできるかしら。

見込む角とは，右図のように，銅像の上端Aと下端Bと見る人の目の位置Pによってできる∠APBのことである。

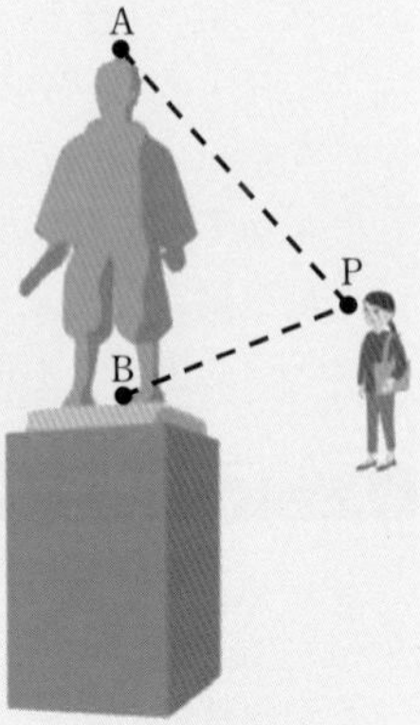

二人は，銅像を見込む角について，次の二つのことを仮定して考えることにした。

・地面は水平であり，直線ABは地面に対して垂直である。

・どの位置からも常に銅像全体は見える。

次の各問いに答えよ。なお，必要に応じて三角比の表〔省略〕を用いてもよい。

このあとの問題では，銅像を見込む角が最大となるような見る人の位置を表す「ベストスポット」の位置について議論が続いています。ここからは，**日常生活や社会の中で使われる数学的なテーマを題材にしたい**という大学入試センター側の意図が読み取れます。

また，このようなテーマの出題では，問題を解くのには不要な条件が含まれているケースがみられます。したがって，**複数の条件から問題解決に必要な情報のみを読み取る力が必要**です。

4 定理を証明する問題（＝❹）

おもに幾何《きか》に関する定理を「太郎さん」と「花子さん」の会話内で証明していくという問題です。先述の「会話形式の問題」にも分類されます。

▶第2回試行調査〔数学Ⅰ・A〕（第1問〔4〕）

三角形ABCの外接円をOとし，円Oの半径をRとする。辺BC, CA, ABの長さをそれぞれa, b, cとし，∠CAB, ∠ABC, ∠BCAの大きさをそれぞれA, B, Cとする。

太郎さんと花子さんは三角形ABCについて

$$\frac{a}{\sin A}=\frac{b}{\sin B}=\frac{c}{\sin C}=2R \qquad \cdots\cdots(*)$$

の関係が成り立つことを知り，その理由について，まず直角三角形の場合を次のように考察した。

> $C=90^\circ$ のとき，円周角の定理より，線分ABは円Oの直径である。
> よって，
>
> $$\sin A=\frac{\mathrm{BC}}{\mathrm{AB}}=\frac{a}{2R}$$
>
> であるから，
>
> $$\frac{a}{\sin A}=2R$$
>
> となる。
> 同様にして，
>
> $$\frac{b}{\sin B}=2R$$
>
> また，$\sin C=1$ なので，
>
> $$\frac{c}{\sin C}=\mathrm{AB}=2R$$
>
> である。
> よって，$C=90^\circ$ のとき(*)の関係が成り立つ。

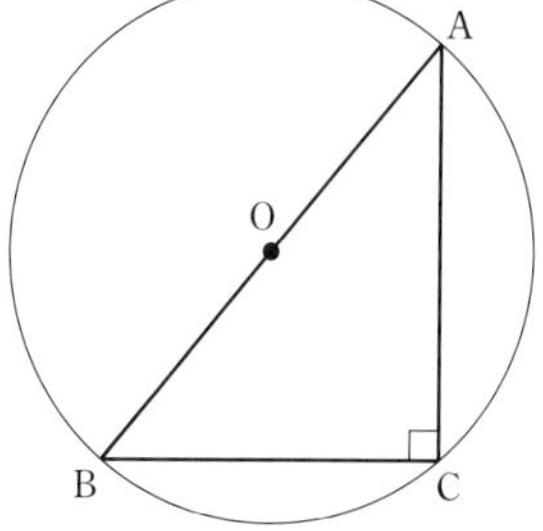

次に，太郎さんと花子さんは，三角形ABCが鋭角三角形や鈍角三角形のときにも(*)の関係が成り立つことを証明しようとしている。

数学Iで習う「正弦定理《せいげん》」を証明する問題です。以上の例は三角形ABCが直角三角形の場合の証明ですが，このあとでは三角形ABCが鋭角三角形·鈍角三角形の場合の証明も問われています。ちなみに，正弦定理の証明は，教科書にも載っている有名なものです。

これに対して，以下のような出題もありました。

▶第2回試行調査〔数学I・A〕（第5問）

ある日，太郎さんと花子さんのクラスでは，数学の授業で先生から次の**問題1**が宿題として出された。下の問いに答えよ。なお，円周上

に異なる2点をとった場合，弧は二つできるが，本問題において，弧は二つあるうちの小さい方を指す。

> **問題1**　正三角形ABCの外接円の弧BC上に点Xがあるとき，AX = BX + CXが成り立つことを証明せよ。
>
> 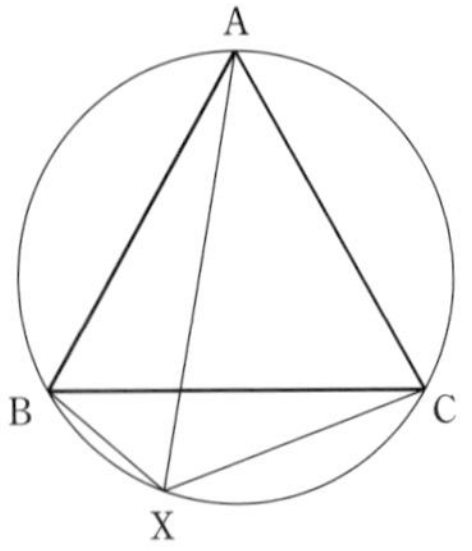
>

(1)　**問題1**は次のような構想をもとにして証明できる。

> 線分AX上にBX = B'Xとなる点B'をとり，BとB'を結ぶ。AX = AB' + B'Xなので，AX = BX + CXを示すには，AB' = CXを示せばよく，AB' = CXを示すには，二つの三角形[ア]と[イ]が合同であることを示せばよい。

[ア]，[イ]に当てはまるものを，次の⓪～⑦のうちから一つずつ選べ。ただし，[ア]，[イ]の解答の順序は問わない。

⓪　△ABB'　①　△AB'C　②　△ABX　③　△AXC
④　△BCB'　⑤　△BXB'　⑥　△B'XC　⑦　△CBX

太郎さんたちは，次の日の数学の授業で**問題1**を証明した後，点Xが弧BC上にないときについて先生に質問をした。その質問に対して先生は，一般に次の**定理**が成り立つことや，その**定理**と**問題1**で証明したことを使うと，下の**問題2**が解決できることを教えてくれた。

> **定理**　平面上の点Xと正三角形ABCの各頂点からの距離AX, BX, CXについて，点Xが三角形ABCの外接円の弧BC上

にないときは, $\mathrm{AX} < \mathrm{BX} + \mathrm{CX}$ が成り立つ。

問題2　三角形PQRについて，各頂点からの距離の和 $\mathrm{PY} + \mathrm{QY} + \mathrm{RY}$ が最小になる点Yはどのような位置にあるかを求めよ。

こちらは，数学Aで習う「図形の性質」の単元から，教科書には載っていない幾何の定理の証明について考察していく問題です。大学入試センターは，「教科書等では扱われていない数学の定理等を既知の知識等を活用しながら導くことのできるような題材等を含めて検討する」と公表しています。この問題が，まさにそのサンプルであるといえるでしょう（ちなみに，問題2の点Yは，「フェルマー点」とよばれる有名な点です）。**マーク式では証明問題は出ないという固定観念を捨て，証明問題の対策を立てることが必要**です（じつは，センター試験でも「数学的帰納法」による証明問題が穴埋めの形式で出題されたことがあります）。

共通テストに特有なそのほかの注意点

以下では，ここまでに紹介しきれていない，共通テスト特有の傾向の問題を紹介します。

1　複数の解法を考える問題

試行調査では，1つの問題に対して複数の解法を考える問題が出ています。

▶第2回試行調査〔数学Ⅱ・B〕（第4問(2)）

問題B　次のように定められた数列 $\{b_n\}$ の一般項を求めよ。

$$b_1 = 4,\ b_{n+1} = 3b_n - 8n + 6 \quad (n = 1,\ 2,\ 3,\ \cdots)$$

花子：求め方の方針が立たないよ。

太郎：そういうときは，$n = 1, 2, 3$ を代入して具体的な数列の様子をみてみよう。
花子：$b_2 = 10,\ b_3 = 20,\ b_4 = 42$ となったけど…。
太郎：階差数列を考えてみたらどうかな。

数列 $\{b_n\}$ の階差数列 $\{p_n\}$ を，$p_n = b_{n+1} - b_n$ $(n = 1, 2, 3, \cdots)$ と定める。

(i) p_1 の値を求めよ。

$p_1 =$ オ

(ii) p_{n+1} を p_n を用いて表せ。

$p_{n+1} =$ カ $p_n -$ キ

(iii) 数列 $\{p_n\}$ の一般項を求めよ。

$p_n =$ ク・ケ $^{n-1} +$ コ

(3) 二人は**問題 B** について引き続き会話をしている。

太郎：解ける道筋はついたけれど，漸化式で定められた数列の一般項の求め方は一通りではないと先生もおっしゃっていたし，他のやり方も考えてみようよ。
花子：でも，授業で学習した問題は，**問題 A** のタイプだけだよ。
太郎：では，**問題 A** の式変形の考え方を**問題 B** に応用してみようよ。**問題 B** の漸化式 $b_{n+1} = 3b_n - 8n + 6$ を，定数 s，t を用いて

サ $= 3($ シ $)$

の式に変形してはどうかな。

(i) $q_n =$ シ とおくと，太郎さんの変形により数列 $\{q_n\}$ が公比 3 の等比数列とわかる。このとき，サ，シ に当てはまる式を，次の⓪～③のうちから一つずつ選べ。ただし，同じものを選んでもよい。

⓪ $b_n + sn + t$
① $b_{n+1} + sn + t$
② $b_n + s(n+1) + t$
③ $b_{n+1} + s(n+1) + t$

(ii) s, t の値を求めよ。

$$s = \boxed{\text{スセ}},\quad t = \boxed{\text{ソ}}$$

(4) **問題 B** の数列は，(2)の方法でも(3)の方法でも一般項を求めることができる。数列 $\{b_n\}$ の一般項を求めよ。

$$b_n = \boxed{\text{タ}}^{\,n-1} + \boxed{\text{チ}}\,n - \boxed{\text{ツ}}$$

この問題では，漸化式《ぜんかしき》

$$b_{n+1} = 3b_n - 8n + 6$$

と初項 $b_1 = 4$ の条件から数列 $\{b_n\}$ の一般項《いっぱんこう》を求めるために，

> (2) $p_{n+1} = b_{n+1} - b_n$（階差《かいさ》数列）を利用する
> (3) $b_{n+1} + \boxed{} = 3(b_n + \boxed{})$ に変形

という2通りのアプローチを要求しています。共通テストは，たとえ誘導つきであっても**複数の解法が考えられる問題について1つの解き方を覚えているだけでは対応できない**といえます。

2 全過程を問う問題

大学入試センターがあげている「全過程を問う問題」とは，**誘導なしで1つの問題をまるごと解かなければならない**というタイプの出題です。これも共通テストの大きな特徴の1つで，問題自体の難度も高めです。

次のページの例をみてみましょう。「**1 複数の解法を考える問題**」における漸化式の問題の続きです。

▶第 2 回試行調査〔数学Ⅱ・B〕（第 4 問の続き／(5)）

次のように定められた数列 $\{c_n\}$ がある。

$$c_1 = 16,\ \ c_{n+1} = 3c_n - 4n^2 - 4n - 10 \quad (n = 1,\ 2,\ 3,\ \cdots)$$

数列 $\{c_n\}$ の一般項を求めよ。

$$c_n = \boxed{\text{テ}} \cdot \boxed{\text{ト}}^{\,n-1} + \boxed{\text{ナ}}\,n^2 + \boxed{\text{ニ}}\,n + \boxed{\text{ヌ}}$$

先ほどの $\{b_n\}$ には解き方の誘導があったのに対して，$\{c_n\}$ にはそれがまったくありません。(4)までの過程を手がかりにして考えるしかありませんが，作業量が多く，手間もかかります。

このような「全過程を問う問題」は，第 2 回試行調査の多くの大問の最後にありました。しかし，大学入試センターは，調査の結果を受けて，実際の試験では大問または中問 1 問程度出題するとしています。試験時間などへの配慮のためだと予想されます。

3　「すべて選べ」の形式は見送り

試行調査では複数の選択肢から「当てはまるものをすべて選べ」という問題が何問か出ていましたが，これについては，「薄くマークしたものと，消しゴムで消したものの判定が難しい」との理由から出題を見送るという方針が発表されました。

▶第 2 回試行調査〔数学Ⅱ・B〕（第 1 問［3］）

対数ものさし A と対数ものさし B の目盛りを一度だけ合わせるか，対数ものさし A とものさし C の目盛りを一度だけ合わせることにする。このとき，適切な箇所の目盛りを読み取るだけで実行できるものを，次の⓪～⑤のうちからすべて選べ。

⓪　17 に 9 を足すこと。

①　23 から 15 を引くこと。

②　13 に 4 をかけること。

③　63 を 9 で割ること。

④ 2を4乗すること。
⑤ $\log_2 64$ の値を求めること。

共通テストの攻略に向けたこれからの勉強法

以上の試行調査などの内容をふまえ，以下では受験生に必要な勉強法や対策をお話ししていきます。

1 「数学活用」の問題への対策

ここでは，**数学を日常生活などに活用する問題のこと**を「『数学活用』の問題」と表現することにします。ここは，**ふだんの数学の勉強では最も対策が立てにくい部分**です。しかし，大学入試センターは，「数学活用」の問題を「『数学Ⅰ・A』の共通問題で最低1題，『数学Ⅱ・B』でもできれば1題出題する」としています。

以下のように，出題が考えられるテーマはさまざまあります。

❶ 割れた皿の破片から，もとの皿の重さや大きさを推定する
(数学Ⅰ「図形と計量」)

❷ ある病気で陽性反応が出た人が，ほんとうにその病気にかかっているかどうかを調べる　(数学A「場合の数・確率」)

❸ 2つの商品A・Bと，それを構成する原料があり，利益が最大となるように商品のA・Bの生産量を決める
(数学Ⅱ「図形と方程式」)

これらの有名テーマに1度は触れておくことは大切ですが，「数学活用」のタイプについては，見たことのある問題が本番で出る可能性は低いと考えてください。むしろ，これらの問題を練習していくなかで，**初見の問題から条件を文字式などで表し，既知のテーマに帰着させる**ことが重要です。

たとえば，先述の例であれば，それぞれ次のページのとおりとなります。

❶ 三角比（余弦定理・正弦定理・三角形の面積公式など）
❷ 条件つき確率
❸ 領域と最大最小

のテーマに帰着されます。

これらの例以外にも，**身近にある物事を数学的に考える練習をしておくことも大切**です。たとえば，江戸時代の地図のつくられ方，コンピュータと2進法，単純なゲームの必勝法など，数学が背景にある事柄はたくさんあります。これら日常的なテーマの中から興味がひかれる事柄を自分で調べたり必要に応じて計算したりする経験を積んでいくことは，**必要な情報のみを抽出して考えていく訓練**になります。

また，試行調査にはグラフを描画するアプリの利用を示唆する出題もあります。現在では，グラフを簡単に描画できる無料アプリが，パソコンにかぎらずスマートフォンにもあります（「GeoGebra」，「Desmos」など）。これらのアプリを利用することによって，式を入力してグラフの形状を把握することにふだんから慣れておくとよいでしょう。

▶第2回試行調査〔数学Ⅰ・A〕（第1問〔2〕）

関数 $f(x)=a(x-p)^2+q$ について，$y=f(x)$ のグラフをコンピュータのグラフ表示ソフトを用いて表示させる。

このソフトでは，a，p，q の値を入力すると，その値に応じたグラフが表示される。さらに，それぞれの□の下にある • を左に動かすと値が減少し，右に動かすと値が増加するようになっており，値の変化に応じて関数のグラフが画面上で変化する仕組みになっている。

最初に，a，p，q をある値に定めたところ，図1のように，x 軸の負の部分と2点で交わる下に凸の放物線が表示された。

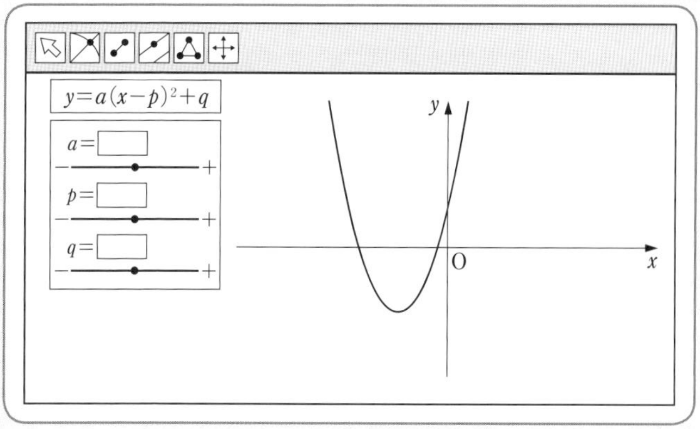

図 1

2 国公立大 2 次試験・私立大入試対策用の教材を使う

共通テストでは「全過程を問う問題」のように誘導なしの出題もあることから，国公立大 2 次試験・私立大入試用の参考書・問題集などによる対策も必要です。**複数の解法が載っている問題については，自分の解法だけではなく別解も導けるよう練習しておくことが大切です。**

3 証明問題の対策

先述のとおり，国公立大 2 次試験・私立大入試用の問題集に載っている証明問題に手をつけるだけでなく，教科書に載っている公式・定理の証明も，自分で手を動かしてできるようにしておきましょう。たとえその証明がそのまま出題されなかったとしても，**教科書に載っている定理の証明と同じ考え方を使って別の問題の証明ができる**ということは，数学ではよくあるのです。

オリジナル問題に挑戦してみよう！

次のページの問題は，試行調査を模してつくったものです。10 分程度を目安にして解いてみてください。

オリジナル問題

異なる3個のサイコロを振ったとき，出た目の最大値が5となる目の出方が何通りであるかを求めたい。

太郎：5が出ることは間違いないな。だから，出た目の組合せは，3つのサイコロにA, B, Cと名前をつけて，それぞれのサイコロの目が5になる場合に分けて考えてみよう。

	A	B	C	
①	5	1～5	1～5	……5^2 通り
②	1～5	5	1～5	……5^2 通り
③	1～5	1～5	5	……5^2 通り

合計して，75通りだね。

花子：私はちがう考え方をしたよ。

まず，最大値が5だから，すべての目が5以下のはず。その目の出方は，$5^3 = 125$（通り）。

でも，この中には5が出ないものも含まれているわ。すべての目が5以下で5が出ないということは，すべての目が4以下であることと同じだよね。これは，$4^3 = 64$（通り）。

だから，$5^3 - 4^3 = 61$（通り）ね。

太郎：どちらも正しそうなのに，なぜちがう答えになったのだろう？

問1　正しいのはどちらか？

問2　誤っているほうは，どこがちがうのか？

以上の問題には，ふだん予備校で数学を教えているなかで生徒から非常によく質問を受ける内容が含まれています。なお，問1の正解は「**花子**」です。問2の正解は，以下で説明します。

じつは,「太郎」の数え方には重複があります。たとえば,（A, B, C）＝（5, 3, 5）という目の出方は,「太郎」の①（Aが5）にも③（Cが5）にも含まれているのです。つまり, 正しいのは「花子」のほうであり,

「太郎」が誤っている点は，「**重複して数えていて『花子』の答えよりも大きくなっているところ**」です。これが問2の正解です。

以下ではさらに踏みこみ，「太郎」の考え方を修正することによって正解を導く方法を考えます。

先の重複は，「5が何個現れるか」で場合分けをすることによって防ぐことができます。

●5が1個だけ出る場合

	A	B	C	
❶	5	1～4	1～4	……4^2通り
❷	1～4	5	1～4	……4^2通り
❸	1～4	1～4	5	……4^2通り

よって，$4^2 \times 3 = 48$（通り）

●5が2個出る場合

	A	B	C	
❶	5	5	1～4	……4通り
❷	5	1～4	5	……4通り
❸	1～4	5	5	……4通り

よって，$4 \times 3 = 12$（通り）

●5が3個出る場合

A	B	C
5	5	5

の1通りのみ。

以上を合わせると，

$$48 + 12 + 1 = 61 \text{（通り）}$$

となります。これで正解となりました。

おわりに

ここまでに共通テストの正体が見えてきたでしょうか？　最後に，みなさんにお伝えしたいことが2つあります。

1　教科書の活用

新しい単元を自分で勉強するときに教科書を使わず問題集だけを使って進めていく生徒がたまにいますが，これはよくありません。**はじめて習う単元の学習には，必ず教科書を使用しましょう。**

勘違いしないでほしいのは，**「数学の勉強」≠「問題を解く」**ということです。教科書には，一つひとつの記号やものごとの定義，定理，定理の導出，そしてそれらを利用して解く問題というように，その単元を学んでいくために必要な事柄がすべて順番に載っています。問題を解いているだけでは，新しい道具がなぜ必要なのか，そしてどのようにして生まれたのかがわかりません。これらをきちんと順を追って学んでいくことが数学の正しい勉強です。

先述のように，共通テストでは定理の証明も問われているので，定理を使う前の段階をおろそかにせず，正しい手順で学びましょう。

2　問題演習の進め方

教科書に沿って学んでいくことはもちろん大切ですが，問題演習によって定理･公式の運用方法に慣れていくことも同じくらい重要です。**共通テスト攻略に必要となるレベルの目安は「教科書の章末問題程度」**です。そのレベルの類題を教科書の傍用問題集や市販の参考書・問題集で演習するとよいでしょう。

つぎに，実際に解いていく場合の話をします。

教科書や参考書・問題集を解いていて間違えたからといって，正しい解答を写すだけの勉強はやめましょう。もちろん，正解が得られることは大切ですが，写すこと自体にはあまり意味がありません。それよりも，**解答を読んで理解できたら解答を見ずに自分の力で解答を再現することのほうがはるかに重要です。**

また，**なぜ自分の解法が間違えているのかを追究しましょう。**とくに，「場合の数・確率」の単元では，数えもれや，オリジナル問題における「太郎」の解き方のように重複などのミスがよく起こります。その場合，自分の解法と解答のやり方がちがうからといって正解を丸暗記するだけでは，また同じように間違いかねません。**なぜちがうのかを考えましょう。**自分だけで解決できない場合には，先生や友達にきいてみるのもよいでしょう。先生にきけばおそらくすぐに解決するでしょうが，友達どうしでさまざまな意見を出し合って解決するという経験は高い学習効果を生みます。

反対に，**答えが合っているからといってそのまま先に進んでしまうことも危険**です。数学では，解答の中身は間違えているけれどもたまたま答えが合っているということがよくあります。**解答の中身まで照合しましょう。**先述のように，共通テストでは複数の解法が要求される場合もあります。自分が使っている教材に別解が載っている場合には，**別解も練習しておくとよい**でしょう。

共通テストでは，小手先のテクニックなどではない正統的な勉強が試されます。日ごろの勉強を大切にして高得点をめざしていきましょう！

第4節

共通テスト物理(4単位)の勉強法

――玉虫　良明（河合塾講師）

日常生活の物理に興味・関心をもちましょう。探究心が芽生えれば物理の理解が進み，共通テスト対策にもなります。

共通テストとセンター試験はどうちがうか

1　センター試験・物理の特徴

共通テストの試行調査が2017年（第1回），2018年（第2回）と2か年にわたって実施されて，試行調査の問題がセンター試験の問題とは別物であることがわかりました。共通テストの具体的な内容を見る前に，まずはセンター試験の特徴を確認しましょう。

2019年実施のセンター試験・物理〔以下、本試験〕の大問構成は，以下のとおりです。

問題番号	設問数	配　点	分　野
第1問	5問	25点	小問集合
第2問	4問	20点	電磁気
第3問	4問	20点	波　動
第4問	4問	20点	力　学
第5問*	3問	15点	熱力学
第6問*	3問	15点	原子・原子核

*第5問と第6問は選択問題。

さまざまな分野から出題される小問集合のほかに，力学，波動，電磁気，熱力学，原子・原子核の各分野の大問がありました。また，第2～4問はいずれもA・B問題で構成され，各分野から2つのテーマが出題されました。よって，1テーマあたりの設問数は2問です。

また，センター試験の平均点は以下のとおりです。

年　度	平均点	年　度	平均点
2015年	64.3点	2018年	62.4点
2016年	61.7点	2019年	56.9点
2017年	62.9点	2020年	60.7点

少し難しかった2019年を除けば，平均点はいずれも60点以上でした。

2 共通テスト・物理の特徴

次に，共通テストの試行調査の特徴を見ていきましょう。

第2回試行調査（2018年）

試験時間	配　点	形　式
60分	100点満点 （平均点：37.5点）	マーク式

問題番号	設問数	配　点	平均点	分　野
第1問	5問	30点	8.3点	小問集合
第2問	5問	28点	12.2点	力　学
第3問	4問	20点	9.3点	波，電気と磁気
第4問	4問	22点	7.5点	波，電気と磁気

*四捨五入の関係上，各大問の平均点の和は全体の平均点になっていない。

センター試験の平均点と比較すると，試行調査の平均点はとても低かったことがわかります。**平均点が低かった理由の1つとしては，未習分野がある状態で受けた人が多かったことがあげられます**（受検者の18.3%が，当時の高校2年生）。

しかし，大学入試センターによる共通テストの「問題のねらい」からもわかるように，データや実験結果，グラフの分析を通じて物理的な理解を問うというセンター試験と異なる傾向の問題が出たことも，平均点を大きく下げた要因です。

問題番号	問題のねらい
第 1 問	物理的な事物・現象にかんする原理・法則についての理解をもとに，力学，熱，波動，原子物理等の分野における，データや実験結果を適切に取り扱って解釈する力を問う
第 2 問	一直線上で衝突する 2 つの小物体や 2 つの台車の運動を通じて，力積《りきせき》と運動量変化の関係，はね返り係数，運動エネルギーの関係にかんする理解をもとに法則を活用したり，グラフを活用・分析したりして情報を統合するなど，課題を解決する力を問う
第 3 問	セッケン膜に生じる薄膜《はくまく》干渉と電波の干渉によって生じる定常《ていじょう》波《は》（定在《ていざい》波《は》）を通じて，身近な物理現象にたいする理解とデータや実験結果をもとに解釈する力を問う
第 4 問	電磁誘導にかんする現象や法則についての理解をもとに，コイル上での鉄製の弦《げん》の振動やコイル内を落下する磁石による誘導起電力の時間変化を通じて，原理・法則に従って法則やグラフを活用して課題を解決する力を問う

以下では，共通テストとセンター試験の相違点をさらにくわしく解説します。

3　小問集合について

共通テストとセンター試験の第 1 問はともに小問集合ですが，**中身は別物**です。

センター試験の小問集合は各分野の基本的な知識や理解を問う問題で構成され，小問数は 5 問でした。内容は，物理法則を文字で数式化し，数式を計算した結果を問うという，いわゆる公式暗記型の勉強でも対処できるものでした。

一方，第 1 回試行調査の小問集合も 5 問でしたが，センター試験型の設問は 1 問もありませんでした。くわしくみていくと，試行調査は小問数5問にたいしてマーク数が10となっており，**1問につき複数のマークを要する設問が含まれます**。これは，センター試験にはなかったことです。マーク数が増えた理由の1つに，試行調査では答えの数値を$\boxed{1}.\boxed{2}\times10^{\boxed{3}\boxed{4}}$のように，一つひとつマークする問題が登場し，マーク数が多くなったことがあげられます。また，気体の状態変化について温度変化と気体がした仕事にかんする適切な文章とグラフを別べつに問うたりと，小問1つ，つまり**1つのテーマについて多面的な思考力を試す問題が登場したことも，マーク数が多くなった理由**です。

つづいて，小問集合の配点をみてみましょう。センター試験の大問が5題（第5問と第6問は選択問題）であったのにたいして試行調査の大問は4題に減少したため，小問集合の配点が25点から30点に増加しました。配点が大きくなったことにより，小問集合の正答率がこれまで以上に合計点に影響するようになりました。センター試験では小問集合を苦手としていた受験生が多く，点数が伸び悩む一因となっていました。また，高得点をめざす受験生にとっては小問集合でのミスが致命傷となりうるため，慎重に攻略する必要がありました。**共通テストに移行しても，小問集合が鬼門になることに変わりはありません**。実際，第2回試行調査において正答率が最も低かったのは小問集合でした（正答率27%）。

小問集合についてまとめると，下のようになります。

第1問小問集合	センター試験	共通テスト
小 問 数	5問程度	5問程度
マーク数	小問数と同じ	小問数の2倍程度
形　式	1問1答	1問につき複数の答え
配　点	25点	30点

4 当てずっぽうやまぐれ当たりがなくなる

センター試験では組合せ問題，つまり$\boxed{ア}$と$\boxed{イ}$などに入る正しい答えを組み合わせた選択肢を1つ選ぶという連動型の設問が随所にみられましたが，選択肢数は多くても10個程度であり，選択肢を2・3個まで絞ることができれば当てずっぽうで正解することも不可能ではありませんでした。一方，共通テストは，マークセンス式にありがちな**不十分な理解による得点を阻止し，受験生の実力を正確に測ろう**としています。代表例が，以下のような「**正しい選択肢をすべて選べ**」という設問です。

▶第2回試行調査　小問集合（第1問／問4）

図4のように，凸レンズの左に万年筆がある。F，F'はレンズの焦点である。レンズの左に光を通さない板Bを置き，レンズの中心より上半分を完全に覆った。万年筆の先端Aから出た光が届く点として適当なものを，図中の①～⑦のうちからすべて選べ。ただし，レンズは薄いものとする。

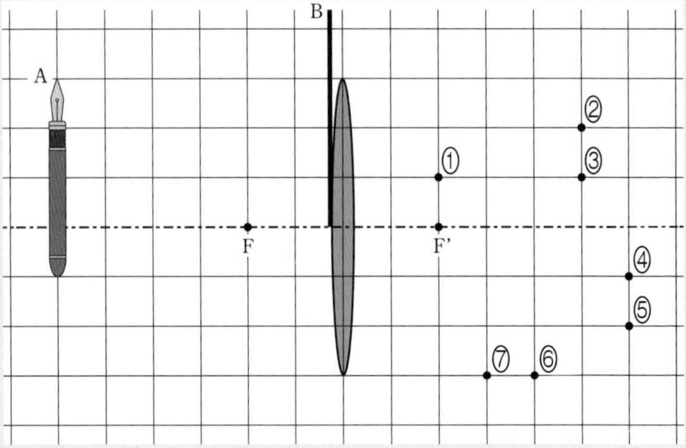

図　4

①～⑦のうちから正しいものをすべて選ぶことができた場合にのみ得点でき，選択肢が多くても少なくても不正解になります。あいまいさのない完璧な正解を要求されるという，受験生にとって厳しい形式です。ただし，「すべて選べ」という問題は，大学入試センターの「共

通テスト問題作成方針」には記載がなく，共通テスト導入当初は出題されない予定です。

一方，前述の $\boxed{\ 1\ }.\boxed{\ 2\ }\times 10^{\boxed{3}\boxed{4}}$ のような，**有効数字と指数を一つひとつマークする形式は，間違いなく出題されます。**この形式は，受験生の計算力を適切に評価し，センター試験では可能だった概算による正解を排除しようという意図のあらわれです。このような，**完全無欠な正解にのみ点数を与えるという形式が頻出するでしょう。**

5 実験データの分析・考察・応用

共通テストでは，特殊な装置がなくても手軽に行なえる物理実験について結果をグラフにプロットした実験データが提示され，**データを分析・考察しながら設問に答えていく形式**が登場します。センター試験でも実験を題材にした問題はありましたが，共通テストでは，実験装置のくわしい図や，実験に用いられる材料の特性などの資料をもとに，仮説の設定，測定精度の吟味，結果の分析と考察，実験方法の妥当性の検討，新たな課題の発見という流れで，1つの実験をもとにして4・5問が用意されます。実験の内容や意図を把握しきれないまま解くと大きな失点につながり，危険です。また，**実験の説明に要する問題文章量の増加により，読解に時間がかかる**ことも重要な変更点として覚えておいてください。

当然ですが，共通テストに出題される実験をあらかじめ予想することは不可能です。**はじめて目にする実験の本質を見抜く分析力と高度な思考力**が試されます。以下では，試行調査で登場した問題をもとに具体的な学習法を解説します。

試行調査からわかる，共通テストの傾向と対策

1 グラフ解析問題の攻略法

センター試験におけるグラフ問題の攻略法は，物理法則を数式化し，数式を根拠としてグラフを選択することでした。共通テストでも同様の問題が出る可能性もありますが，新しい形式として，**実験データが**

グラフで提示され，グラフを用いて背後にある物理法則や規則性を読み取るという問題が出ます。

次の例は，2つの台車の衝突がテーマです。横軸が時刻，縦軸が力を表しています。

▶第2回試行調査（第2問B）

高校の授業で，衝突中に2物体が及ぼし合う力の変化を調べた。力センサーのついた台車A，Bを，水平な一直線上で，等しい速さ $\boldsymbol{v}$ で向かい合わせに走らせ，衝突させた。センサーを含む台車1台の質量 $\boldsymbol{m}$ は1.1kgである。それぞれの台車が受けた水平方向の力を測定し，時刻 t との関係をグラフに表すと図1のようになった。ただし，台車Bが衝突前に進む向きを力の正の向きとする。

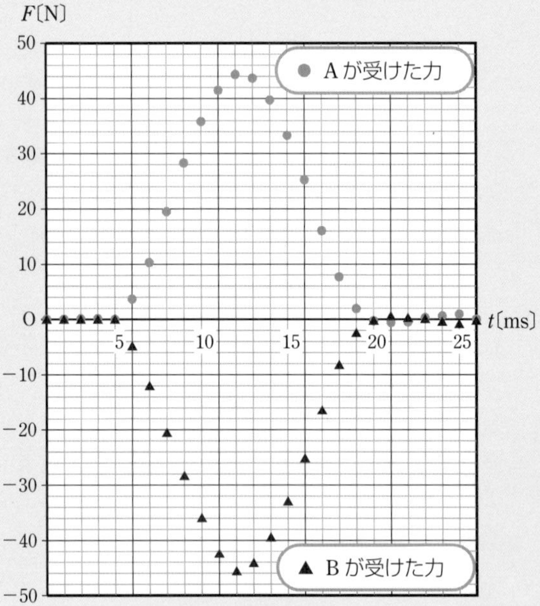

図 1

まず，グラフと横軸で囲む面積が力積の大きさを表すことに気づく必要があります。また，曲線で囲む面積を求めるさい，面積を三角形に近似《きんじ》し，三角形の面積としておおよその計算を行ないます。設問文には近似を使うことが明記されていないので，みずから近似計算する必要があります。**実験データを処理する場合には，細かい部分や例外的な部分は取り除いて近似的に計算できればよいのです。**

また，面積を用いてほかの物理量を求めるには，グラフから読み取った数値を適切な物理法則で処理しなければなりません。つまり，グラフを読み取る力だけではなく，基本的な物理法則とその意味をきちんと理解していること，典型問題へのアプローチに精通していることが，得点を伸ばすために必要です。先の例では，「同質量2物体が弾《だん》性《せい》衝突すると，互いの速度を交換する」という典型問題の結論を知っていれば，運動量保存則や反発係数の式を割愛して一気に解答することができます。したがって，共通テストを攻略するためには，教科書や参考書に登場する典型問題は確実にスムーズに解ける理解力や知識が必須です。

先の例のような実験データや複雑なグラフの問題に対処できるようになる秘けつは，**教科書や問題集などの平易な問題に登場する種々の物理量を積極的にグラフ化すること**です。具体的には，教科書などの演習問題を解いたあと，その問題の中で値が変化する物理量のグラフを描いてみましょう。横軸は時間または空間を基本とし，グラフの傾き，そしてグラフと横軸で囲む面積の意味を同時に考えることが大切です。

ただし，先述のように，各分野の典型問題がスムーズに解答できる理解力が前提となります。法則の意味を理解せず，公式をただ暗記して文字や値を代入して計算するという段階から抜けだし，法則の成立条件や意味をつねに意識して立式できるようになってはじめてグラフの描図に挑戦することができるのです。

❶　演習問題を解いた直後がチャンス！　問題に登場した物理量についてグラフを描いてみよう

❷　グラフの傾き，グラフと横軸で囲む面積はどのような物理量を表すのかを考えよう

2　日常生活に関連する物理現象をじっくり考察する

自動車や自転車が道路上を走るのも，我われが歩けるのも，地面とのあいだの摩擦力《まさつりょく》のおかげです。また，音波や光，熱機関であるエンジン，電気回路など，日常生活や社会には問題の題材が豊富に存在します。試行調査では，エレキギターの原理，アンテナの原理，シャボン玉による薄膜干渉《はくまくかんしょう》など，**日常生活に関連する物理現象や，ふだん目にする現象が出題されました。**以下は，道路計画をテーマとした問題の一例です。

▶第1回試行調査（第3問A）

道路計画を考えるには，まず自動車の運動を考えなくてはいけない。そこでみんなで次のように話し合った。

「実際に道路を走る自動車には速度制限があるね。」
「それでは仮に制限速度を 25 m/s にしてみよう。」
「急な加速や急な減速は危ないから，直線部分での加速度の大きさは 2.0 m/s^2 以下にしよう。」
「道路はまっすぐとは限らない。円運動しているときは，向心加速度というのがあったね。」
「向心加速度の大きさは 1.6 m/s^2 以下にしよう。」
「じゃあ，これまで出てきた三つの条件を満たしながら走るときの自動車の運動と，道路の形の関係を考えていこう。」

問２　地形によっては，問１よりも円弧部分が短い図２のような道路計画にすることもある。1 目盛りの長さは 100m である。下の文

章中の空欄 $\boxed{\ 7\ }$ ～ $\boxed{\ 9\ }$ に入れる数字として正しいものを，下の①～⓪のうちから一つずつ選べ。ただし，同じものを繰り返し選んでもよい。

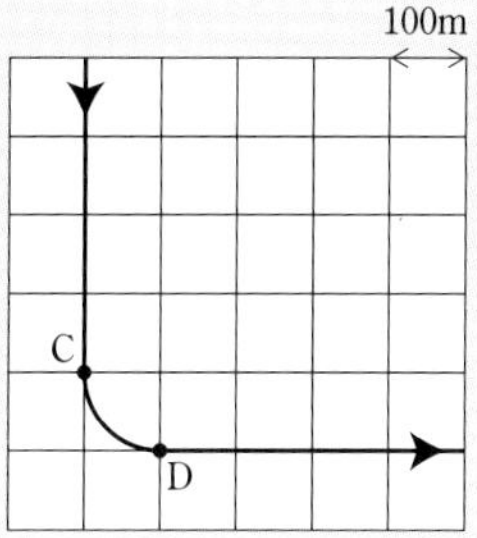

図 2

直線部分をC地点に向かって25m/sで走る自動車が，ある地点から等加速度で減速し，C地点を通過した。この運動をグラフにすると図3のようになる。最初に決めた条件を満たすためには，C地点より少なくとも

$$\boxed{\ 7\ }.\boxed{\ 8\ }\times 10^{\boxed{9}}\ \mathrm{m}$$

以上の距離だけ手前で減速を始めなければならない。ただし，有効数字は2桁とする。

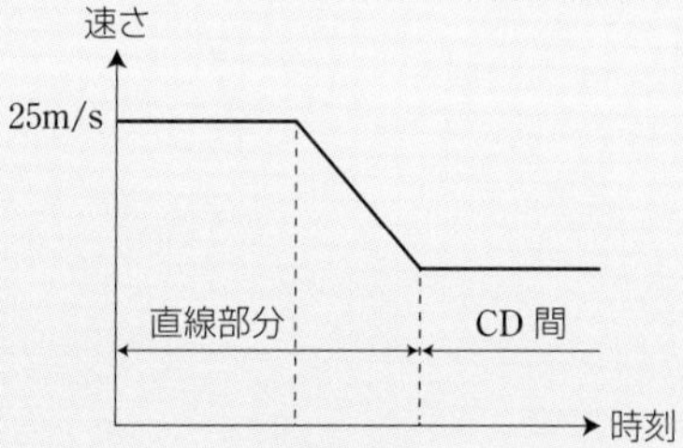

図 3

① 1　② 2　③ 3　④ 4　⑤ 5
⑥ 6　⑦ 7　⑧ 8　⑨ 9　⓪ 0

この問題のリード文のように，共通テストでは会話形式の問題が頻出します。会話の中で疑問点や問題点を洗いだし，仮説を立て，実験方法を考え，実験を行なって検証する，という順序で問題が展開されるのです。先の道路計画の問題では，カーブを曲がる自動車の運動を等速《とうそく》円運動とみなして運動方程式を立てますが，前後の加減速で円運動の速さを調節します。

また，以下のように，カーブしている最中にブレーキをかけた非等速の円運動を考察する設問も出ました。カーブの最中にブレーキをかけることも現実的にはよくある状況です。

▶第1回試行調査（第3問／問3）

道路の円弧部分でも，最初に決めた条件を満たす範囲で速さを変えることができる。図4のような点Oを中心とする円弧状の道路で，減速しながらP地点を通過する瞬間の自動車の加速度の向きとして最も適当なものを，下の①～⑧のうちから一つ選べ。記号a～dは，図4に示したものである。

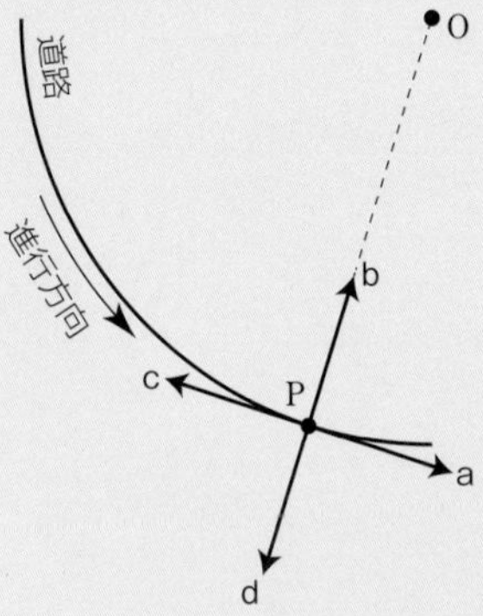

図 4

ここからは，**日常生活や社会に結びついた物理現象を考察・解析するためのコツや学習法**を具体的にお話しします。

一般に，物理の入試問題を作成するさいには，摩擦力や空気抵抗の無視，回路素子《かいろそし》の内部抵抗や導線の電気抵抗の無視，振動の減衰《げんすい》の無視などの条件を組みこみます。つまり，入試問題のほとんどはさまざまな理想化により支えられているといえます。

ところが，共通テストでは，あえて理想化条件をはずし，日常生活で観察できる現実的な物理現象に近い状態を考察させようとしています。このような問題への対策としては，教科書や問題集で問題を解いたのち，前提とされている理想化条件を把握し，先の条件を解除したうえで，物理現象の変化について数式やグラフを活用しながら考察していく習慣が必要です。数学的な制約により厳密解が求められない，つまり，数式が複雑で解けない現象であっても，**より現実的な物理現象を考えようとする姿勢や態度が重要であり，物理的な思考力を鍛えるトレーニング**になります。

まとめると，以下のとおりです。

❶ 物理の問題を解いたのち，その問題の理想化条件をはずした場合のふるまいを大ざっぱに考えよう
❷ 理想化条件をはずした場合のさまざまな物理量の変化を数式やグラフで表現し，解析しよう

また，教科書の中でだけ学習するのではなく，日常生活にひそむ**理想化条件のない物理現象に興味・関心をもち，定性的に，可能であれば定量的に評価**することを習慣化していくと，物理的な思考力は飛躍的に向上します。教科書を飛びだし，身の回りの単純な物理現象を観察したのちに考える，という習慣を身につけましょう。

3 公式導出過程を重視する

第1回試行調査では，次のページのようなブランコの問題が出題されました。大きな特徴の1つに，センター試験では答えるべき対象であった周期公式 $T=2\pi\sqrt{\dfrac{L}{g}}$ が問題文冒頭で式(1)として与えられ

たことがあげられます。つまり，式(1)を暗記していることは無意味であり，式(1)を根拠にブランコの運動を考察することが重要なのです。

▶第1回試行調査（第2問）

放課後の公園で，図1のようなブランコがゆれているのを，花子は見つけた。高校の物理で学んだばかりの単振り子の周期 T の式

$$T = 2\pi\sqrt{\frac{L}{g}} \qquad \cdots\cdots(1)$$

を，太郎は思い出した。L は単振り子の長さ，g は重力加速度の大きさである。二人はこの式についてあらためて深く考えてみることにした。

図　1

ここに続く問1はブランコに座って乗った場合と立って乗った場合のブランコの周期の比較，問2は周期の測定方法の精度にかんする設問でした。ここでは，ブランコという**身近な題材から本質的な情報を見抜く力と，式(1)をふまえた物理的な洞察力が試されています**。また，問3は，以下の実験結果をもとに単振り子の周期や振幅を説明した文章の中から適切なものを選ぶ設問でした。

▶第1回試行調査（第2問／問2）

式(1)の右辺には振幅が含まれていない。この式が本当に成り立つのか，疑問に思った二人は，振れはじめの角度だけを様々に変更した同様の実験を行い，確かめることにした。表2はその結果である。

表2　実験結果（平均値）

振れはじめの角度	周期〔s〕
10°	1.43
45°	1.50
70°	1.56

正しい文章を選ぶためには，式(1)が振れ角が十分に小さいときに近似的に成立する式であることを知っている必要があります。式(1)を導出する過程では，振れ角 θ についての三角比の近似式 $\sin\theta \fallingdotseq \theta$ を使います。つまり，共通テストは，**公式を知っているかどうかよりも，公式を導出する過程や付帯条件を理解しているかどうかを重視している**ことがわかります。

このように，冒頭で式が与えられる問題は，第2回試行調査の小問集合でも出題されました。以下のテーマは，水素原子のボーア模型です。

▶第2回試行調査（第1問／問5）

水素原子のボーア模型を考える。量子数が n の定常状態にある電子のエネルギーは，

$$E_n = -\frac{13.6}{n^2}\,\mathrm{eV}$$

と表すことができる。エネルギーの最も低い励起状態から，基底状態への遷移に伴い放出される光子のエネルギー E を有効数字2桁で表すとき，次の式中の空欄［ 8 ］～［ 10 ］に入れる数字として最も適当なものを，下の①～⓪のうちから一つずつ選べ。ただし，同じものを繰り返し選んでもよい。

$$E = \boxed{\ 8\ }.\boxed{\ 9\ } \times 10^{\boxed{10}}\,\mathrm{eV}$$

設問では，量子数 n が自然数であることには触れていません。つまり，量子数 n の物理的意味は前提として知っておく必要があります。また，エネルギー準位《じゅんい》の概念や光子《こうし》の発光など，**物理現象に関連する知識を前提として出題されています**。大事なのは式ではなく，ボーア模型や発光現象にかかわる総合的理解です。なお，ボーア模型のエネルギー準位 E_n は，さまざまな物理定数を用いて $E_n=-\frac{2\pi k_0^2 me^4}{h^2}\cdot\frac{1}{n^2}$ と導出できます。重要なのは導出の過程に必要な量子条件，振動数条件と物質波の理解であり，E_n の式のような結果を覚えておく必要はありません。

なお，共通テストで原子・原子核分野が出題されるのかどうか，気になるところだと思います。共通テストは大問数が 4 題なので，大問として原子・原子核分野が出題される可能性は低そうです。したがって，第 1 問の小問集合の中で出るか，または他分野との融合問題として部分的に出るかのいずれかになるでしょう。

試行調査に出たブランコによる単振り子，ボーア模型の内容から，以下の勉強法が有効であることがわかります。

❶ 定常電流の式 $I=envS$，電気抵抗の式 $R=\rho\frac{L}{S}$ など，物理法則と物理量の定義を用いた式の導出過程をきちんと理解しておこう

❷ 導出した式が成立するための理想化条件，物理的状況の単純化，式の適用範囲，式が不成立となる場合の原因などを理解しておこう

4 教科書記載の「探求活動」の内容を実験当事者のつもりで読み，思考実験をする

先述のブランコの問題には，問 2 で単振り子の測定方法にかんする次のような会話文が続き，2 種類の測定結果が表として示されます。

▶第1回試行調査 （第2問）

太郎：振り子が10回振動する時間をストップウォッチで測定し，周期を求めることにしよう。

花子：小学校のときには振動の端を目印に，つまり，おもりの動きが向きを変える瞬間にストップウォッチを押していたね。

太郎：他の位置，たとえば中心でも，目印をしておけばきちんと測定できると思う。

花子：端と中心ではどちらがより正確なのかしら。実験をして調べてみましょう。

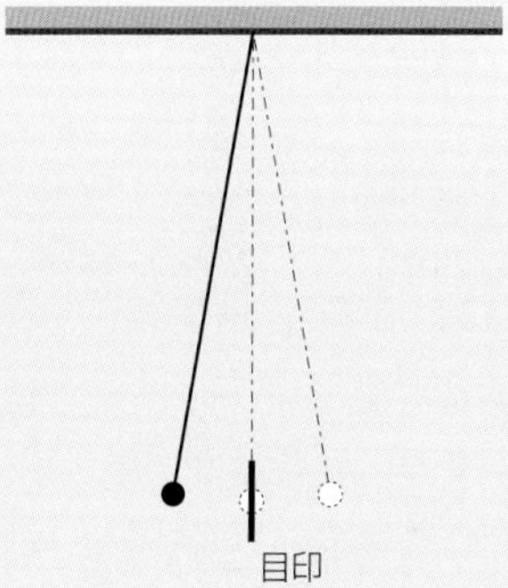

図　2

二人は長さ50cmの木綿の糸と質量30gのおもりを用いて振り子をつくった（図2)。振れはじめの角度を10°にとって振り子を振動させ，目印の位置に最初に 到達した瞬間から，10回振動して同じ位置に到達した瞬間までの時間を測定し，振動の周期の10倍の値を求めた。振動の端を目印にとる場合と，中心に目印を置く場合のそれぞれについて，この測定を10回繰り返し，表1のような結果を得た。

表1　測定結果

振動の幅で測定した場合

測定〔回目〕	周期×10〔s〕
1	14.22
2	14.44
3	14.31
4	14.37
5	14.35
6	14.19
7	14.25
8	14.47
9	14.22
10	14.35
平均値	14.32

振動の中心で測定した場合

測定〔回目〕	周期×10〔s〕
1	14.32
2	14.31
3	14.32
4	14.31
5	14.31
6	14.31
7	14.32
8	14.28
9	14.32
10	14.28
平均値	14.31

単振り子の周期測定は，教科書の「探求活動」「実験・研究」などの項目に記載されています。教科書は物理法則や概念，数式や公式の記載がメインであり，これまで「探求活動」の内容は脇役として軽視されてきました。ところが，共通テストでは探求活動が日の目をみることになります。これまでの**数式・知識偏重型の問題から，探求活動型の問題に大きくかじが切られ，実験テーマにたいする思考力や洞察力を試す傾向に変わる**からです。**実験・観察の経験が豊富なほど共通テストには有利であると**断言できます。

しかしながら，教育の現場では実験に割く時間が捻出《ねんしゅつ》できない状況です。実験して考察を深める経験が乏しいまま共通テストに臨む受験生がほとんどだと思います。そのような経験不足を打開する対策は，以下のとおりです。

❶ 教科書の「探求活動」「実験・観察」のページを，実験当事者のつもりで熟読し，実験の目的，装置，実験手順，データ分析方法を理解しよう

❷ 実験の背後にある物理法則について，実験を通して理解を深めよう

教科書の「探求活動」「実験・観察」の項目には，簡単な実験から発展的・探求的な実験の概要まで記載されています。実験結果や，そこから得られるデータが記載されていることは少ないのですが，目を通すと，実験前の仮説の設定，詳細な実験装置，実験手順や検証方法などが理解できます。**共通テストで出題されるのは，このような探求活動をテーマとした問題**なのです。装置が手元になければ実験を行なうことはできませんが，自分が実験しているつもりで探求活動の内容を熟読すると，実験の目的，背後にある物理法則，データの処理や分析方法などが浮き彫りになります。この**思考実験が，実験の経験不足を補い，物理的な思考力の強化につながります**。共通テストで出題される実験内容は見慣れないテーマの初見の実験であるかもしれません。しかしながら，どのようなテーマ・内容であっても，実験に必要な態度は同じです。

おわりに

ここまで，試行調査で浮かび上がった共通テストの傾向と対策を述べてきました。教科書の基本的な物理現象ですら難しいのに，実験や日常生活に関連する問題が出るとわかって，少し気が滅入ってしまった人もいるのではないでしょうか。

しかし，思い出してみましょう。みなさんは小学生や中学生のころに理科実験が楽しかったのではないでしょうか。日常生活に関連する物理現象が理解できるとうれしくてさらに興味・関心が増すこともあります。つまり，**物理が楽しくなって好きになるきっかけは教科書の外にある**のです。興味をもち，学習意欲が高まれば，教科書内容の理解が底上げされます。みずから探求する心をもって，ときには手元にあるもので簡易実験を行ないながら物理に触れてください。そのような態度が共通テスト対策につながりますし，教科書の基本的な内容の理解にも役立ちます。

共通テストのねらいは，まさにこの点にあります。大学入学後，みなさんが物理だけではなく世の中のさまざまな事柄にたいして探究心をもって取り組んでいくことを祈ります。

MEMO

第5節

共通テスト 化学(4単位)の勉強法

――樹葉 瑛士(駿台予備学校,河合塾,東進ハイスクール・東進衛星予備校化学科講師)

応用力は確実な基礎の理解から。共通テストで高得点をめざすには,まず化学の基礎をしっかり固めましょう。

共通テスト・化学の特徴

大学入試センターから発表された試行調査から共通テストの全体像がみえます。まずは,第2回試行調査の結果と,大学入試センターが公開している問題のねらいを分析してみましょう。

第2回試行調査 化学

試験時間	配点	形式
60分	100点満点 (平均点:49.7点)	マーク式

問題番号	設問数	配点	平均点	分野
第1問	7問	26点	14.3点	理論化学
第2問	7問	20点	11.5点	無機化学
第3問	7問	20点	9.0点	有機化学
第4問	5問	19点	7.9点	理論化学
第5問	4問	15点	7.0点	高分子化学

大学入試センター発表による，試行調査・各大問のねらい

問題番号	問題のねらい
第1問	化学的な事物・現象にかんする原理・法則についての理解を基に，物質の変化について，必要な情報を抽出して現象にかんする数的処理をしたり，グラフを描いて現象にかんする値を求めたりする力を問う
第2問	無機物質の性質や反応についての理解を基に，指定された気体を発生・捕集するために適した実験装置を考える力や，自然の現象について新たに得た情報を基に，課題を考察し，解決する力を問う
第3問	有機化合物の構造，性質及び反応についての理解を基に，様々な有機化合物を通して，提示された実験結果や情報を既得の知識と統合することで化合物の構造を推測したり，観察・実験を解釈したりする力を問う
第4問	水に対する気体の溶解度，電離平衡，pHについての理解を基に，二酸化炭素の水への溶解や二酸化炭素の状態変化について，図から読み取ったことを原理・法則に適用したり，気体の性質にかんする既習事項と統合したりする力を問う
第5問	物質の分離と精製方法の習得と天然の有機化合物や高分子化合物の性質や反応についての理解を基に，昆布だしに含まれる成分を通して，分離のための適切な実験器具を決定したり，原理・法則に従ってアミノ酸の構造の変化を判断したりする力を問う

参考までに，次ページに示した2019年のセンター試験〔以下，本試験〕の結果と比較してみましょう。

2019年センター試験（4単位科目）

試験時間	配点	形式
60分	100点満点 （平均点：54.7点）	マーク式

問題番号	設問数	配　点	分　野
第1問	7問	24点	理論化学
第2問	6問	24点	理論化学
第3問	6問	23点	無機化学
第4問	6問	19点	有機化学
第5問	2問	5点	高分子化学
第6問	2問	5点	高分子化学
第7問	2問	5点	高分子化学

*第1～5問は必答。第6･7問のうちから1問選択。計6問を解答。

なお，センター試験における平均点の推移は以下のとおりです。

2016年	**2017年**	**2018年**	**2019年**	**2020年**
54.5点	51.9点	60.5点	54.7点	60.6点

このように，センター試験の年ごとの平均点が55～60点であったことを考えると，**共通テストのほうが，思考力・考察力を要する問題が出題されているぶん難度が高くなり平均点が低くなると予想されます。**

試行調査の各出題は，具体的には次のページ以降のように分類されます。

1　化学の基礎知識・基礎理解を尋ねる問題

これはセンター試験と同様の出題であり，教科書的な内容が正しく理解・定着しているかどうかが問われます。実際に，試行調査には過去のセンター試験で出された問題がほとんどそのまま反映されているものもあります。したがって，**本番の共通テストでも，センター試験と同様の内容が出題される可能性は高いといえるでしょう**。以下，例を2つ示します。

▶第2回試行調査（第1問／問5）〔正答率：74.9%〕

互いに同位体である原子どうしで異なるものを，次の①～⑤のうちから一つ選べ。

①　原子番号　　②　陽子の数　　③　中性子の数
④　電子の数　　⑤　価電子の数

▶2012年センター試験「化学Ⅰ」〔本試験〕

互いに同位体である原子どうしで異なるものを，次の①～⑤のうちから一つ選べ。

①　原子番号　　②　陽子の数　　③　中性子の数
④　電子の数　　⑤　価電子の数

▶第2回試行調査 （第1問／問7）〔正答率 :52.8%〕

図2に示すように，0.3 mol/L の硫酸銅 (II) $CuSO_4$ 水溶液を入れた容器の中で，2枚の銅板を電極とし，起電力 1.5 V の乾電池を用いて一定の電流 I〔A〕を時間 t〔秒〕流したところ，一方の電極上に銅が m〔g〕析出した。この実験に関する記述として誤りを含むものを，下の①～⑤のうちから一つ選べ。

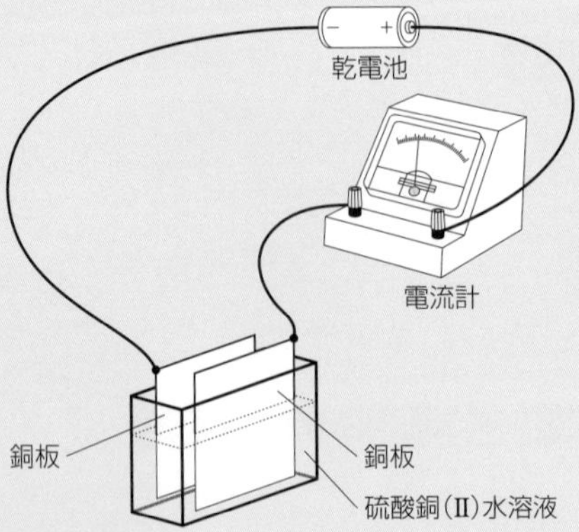

図　2

① 電流を流す時間を $2t$〔秒〕にすると，析出する銅の質量は $2m$〔g〕になる。

② 電流を $2I$〔A〕にすると，時間 t〔秒〕の間に析出する銅の質量は $2m$〔g〕になる。

③ 陰極では $Cu^{2+} + 2e^- \longrightarrow Cu$ の反応によって銅が析出する。

④ 陽極では H_2O が還元されて H_2 が発生する。

⑤ 実験の前後で溶液中の SO_4^{2-} の物質量は変化しない。

▶2009年センター試験「化学I」〔本試験〕（第2問／問4a）

図2の装置を用いて行った次の実験について，以下の問い（**a**・**b**）に答えよ。

0.3mol/Lの硫酸銅(II)$CuSO_4$水溶液を入れた容器の中で，2枚の銅板を電極とし，起電力1.5Vの乾電池を用いて一定の電流I〔A〕を時間t〔秒〕流したところ，一方の電極上に銅がm〔g〕析出した。

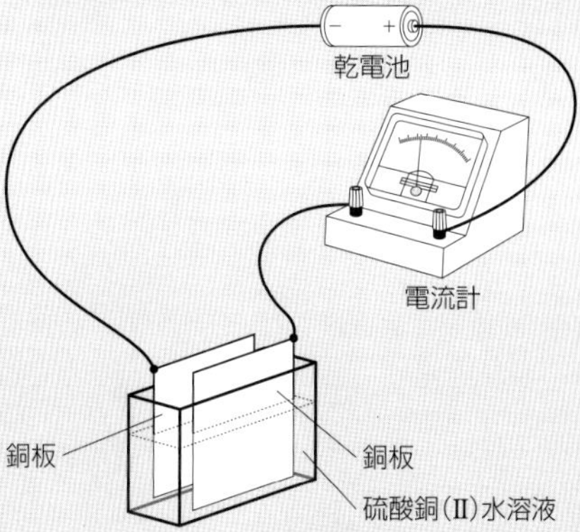

図 2

a 実験にかんする記述として誤りを含むものを，次の①～⑤のうちから一つ選べ。

① 電流を流す時間を$2t$〔秒〕にすると，析出する銅の質量は$2m$〔g〕になる。

② 電流を$2I$〔A〕にすると，時間t〔秒〕の間に析出する銅の質量は$2m$〔g〕になる。

③ 陰極では$Cu^{2+} + 2e^- \longrightarrow Cu$の反応によって銅が析出する。

④ 陽極ではH_2Oが還元されてH_2が発生する。

⑤ 実験の前後で溶液中のSO_4^{2-}の物質量は変化しない。

また，試行調査では，教科書などに記載が少ないため一見すると新規性の高い応用問題のようであっても，実質的には化学にかんする基礎的な理解があれば十分に正解可能な出題もみられます。例を1つみてみましょう。

▶第2回試行調査（第2問A／問1）

〔正答率：空欄［ア］85.5%／空欄［イ］84.8%〕

二硫化炭素 CS_2 を空気中で燃焼させると，式(1)のように反応した。

$$CS_2 + 3O_2 \longrightarrow \boxed{ア} + 2\boxed{イ} \qquad \cdots\cdots(1)$$

この生成物イは，亜硫酸ナトリウムと希硫酸との反応でも生成する。

〔中略〕

式(1)の［ア］，［イ］に当てはまる化学式として最も適当なものを，次の①～⑥のうちからそれぞれ一つずつ選べ。

① C　② CO　③ CO_2
④ S　⑤ SO_2　⑥ SO_3

二《に》硫《りゅう》化《か》炭《たん》素《そ》CS_2は，教科書では無《む》極《きょく》性《せい》溶《よう》媒《ばい》として記載がありますが，多くの高校生にとってはあまりなじみのない物質だと思います。また，CS_2 の燃焼反応は教科書には記載がないので，問題を見ると少し戸惑いますが，下線部の亜硫酸ナトリウムと希硫酸の反応

$$N_{A2}SO_4 + 2H_2SO_4 \longrightarrow 2N_AHSO_4 + H_2O + SO_2$$

から，SO_2（二酸化硫黄）〔空欄［イ］：⑤〕が発生することに気づけば，左右の元素数が等しいことから空欄［ア］が CO_2（二酸化炭素）〔空欄［ア］：③〕であるとわかります。もしかしたら，単純に，炭素が燃焼すると CO_2 が得られると考えた受験生もいたかもしれませんね。

センター試験は教科書の範囲内で出題することを強く意識しており，教科書に記載のない物質や反応については出題を避けていましたが，**共通テストでは，本問のようにヒントや誘導をつけることにより目新しい物質が出題される可能性が高い**と考えられます。

2　発展的な計算問題

センター試験では，知識や化学的な理解を試す問題は，教科書に記載のあるものであればかなり詳細に出題されていました。一方，計算問題については国公立大2次試験や難関私立大入試で出題されるような発展的な内容の出題はほとんどみられなかったので，これまでは医学部受験生など高得点を目指す受験生については，計算よりも知識をぬかりなく対策することが重要でした。

しかし，第2回試行調査では，

大　問	設　問	テーマ	正答率
第1問B	問3・4	反応速度式の導出	問3：62.5% 問4：64.9%
第4問	問1～4	炭酸 H_2CO_3 の電離平衡	問1：37.2% 問2：65.0% 29.0% 問3：38.6% 問4：44.5%

などのように，理論化学の発展的な計算問題が出題されています。

これらの出題の特徴は，以下のとおりです。

❶ 深いテーマを扱うため，関連した小問数が多くなってしまう。すなわち，国公立大2次試験や難関私立大入試で出題されるような大問形式になってしまう

❷ 平均点が低い問題になってしまうことが多い

❶については，最初の設問で間違えてしまうとそのあとの設問も落とすことになることになるので注意が必要です（センター試験は，基本的に小問集合であり，このようなリスクはほとんどありませんでした）。

また，❷については，ヒントや誘導などをつけて化学が得意でない受験生でもある程度得点ができるように配慮されているのですが，そのぶん問題文も長くなるため，化学が苦手な受験生にはやはり難しく感じられてしまうようです。また，これらの問題文中では方眼紙や常《じょう》用対数表《ようたいすうひょう》が与えられており，自分でグラフをかいたり必要な数値を表から探したりする能力も要求されます。

もう1つ，センター試験になかった形式が以下のとおりです。

▶第2回試行調査（第1問A／問2）〔正答率：19.7%〕

前問で選んだアルカンXの生成熱は何kJ/molになるか。次の熱化学方程式を用いて求めよ。

$$\mathrm{C(黒鉛)} + \mathrm{O_2(気)} = \mathrm{CO_2(気)} + 394\mathrm{kJ}$$

$$\mathrm{H_2(気)} + \frac{1}{2}\mathrm{O_2(気)} = \mathrm{H_2O(液)} + 286\mathrm{kJ}$$

Xの生成熱の値を有効数学2桁で次の形式で表すとき，$\boxed{\ 2\ }$～$\boxed{\ 4\ }$に当てはまる数字を，下の①～⓪のうちから一つずつ選べ。ただし，同じものを繰り返し選んでもよい。

$$\boxed{\ 2\ }.\boxed{\ 3\ } \times 10^{\boxed{4}}\ \mathrm{kJ/mol}$$

① 1　② 2　③ 3　④ 4　⑤ 5
⑥ 6　⑦ 7　⑧ 8　⑨ 9　⓪ 0

これは，計算した数値を正確に求めさせる問題です。センター試験では，いくつか選択肢として並べられている数値の候補の中から正解を選ぶという形式でしか出題されず，当てずっぽうでも正解してしまう可能性がありましたが，第2回試行調査のような形式ではそれは不可能です。**本問は，内容的にはセンター試験レベルの標準的な計算問題ですが，正答率は試行調査の問題の中で最低**でした。しかしながら，本問は上位層の正答率が高く（「Hi 群」とよばれる五分位分布《ごぶんいぶんぷ》の最上位層の正答率は 5 割以上），中途半端な理解ではなく解答を正確に導き出せるようになるまでトレーニングした人のみが得点できたという結果が如実に表れています。

3　新傾向の考察問題

共通テストで最も特徴的なのが，この**考察型**の問題です。

第 2 回試行調査

大　問	設　問	テ ー マ	正 答 率
第 1 問	問 1	カセットボンベの燃料	63.3%
第 2 問	問 4 ～ 6	イオンの電荷の偏りの起こりやすさ	問 4：38.8% 問 5：70.4% 問 6：32.4%
第 3 問	問 4 ～ 6	かぜ薬（アセトアミノフェン）の合成	問 4：24.0% 問 5：40.5% 問 6：62.6%
第 5 問	問 1 ～ 4	だしの成分の抽出・分離	問 1：42.5% 問 2：43.2% 問 3：46.4% 問 4：32.6%

これらの問題はいずれも教科書にほとんど記載のない内容を題材としているため，問題文にある情報を理解・整理して解答する必要があります。しかし，これらの問題は一見すると難度が高そうですが，たとえば，以下に示すように，本文をほとんど読まなくても化学の教科書的な基礎知識・基礎理解があれば正解できます。このような設問をは落としてはなりません。

▶第 2 回試行調査（第 2 問／問 4）〔正答率：38.8%〕

下線部(b)に関連して，同じ電子配置であるイオンのうち，イオン半径の最も大きなものを，次の①～④のうちから一つ選べ。

① O^{2-}　② F^{-}　③ Mg^{2+}　④ Al^{3+}

★選択肢のイオンの半径は，「$O^{2-} > F^{-} > Mg^{2+} > Al^{3+}$」の順に大きいので，本文を読まなくても，正解は①「O^{2-}」だとわかる！

▶第 2 回試行調査（第 2 問／問 5）〔正答率：70.4%〕

イオンどうしの結合は，陽イオンと陰イオンの間にはたらく強い□に加えて，この電荷の偏りの効果によっても強くなる。

□に当てはまる語として最も適当なものを，次の①～⑤のうちから一つ選べ。

① ファンデルワールス力　② 電子親和力
③ 水素結合　④ 静電気力（クーロン力）
⑤ 金属結合

★本文の「陽イオンと陰イオンの間にはたらく(力)」のみから，正解は④「静電気力(クーロン力)」だとわかる。

共通テストの具体的な勉強法

1　目標点を定めよう

共通テストがセンター試験と大きく異なるのは，**設問形式のバリエーションの豊富さ**です。平易な知識問題もあれば発展的な考察問題もあるため，**まずは目標点をしっかりと定め，その目標点に到達するために必要な能力を順番に身につけていきましょう**。新傾向問題に対応しなければならないからといって基礎学力がともなわない状態でがむしゃらに発展問題を演習しても，成果は上がりません。

さまざまな分類の仕方があると思いますが，私なりに分析してみると，共通テストの配点は以下のようになると予想されます。

問題タイプ別の配点予想

新傾向の考察問題の配点	1～2割程度 *ただし，先述したような，一見すると考察問題のようであってもじつは基礎知識で十分に対応できるものは除いている
センター試験ではあまりみられなかった，やや難度の高い問題の配点	3～4割程度
センター試験と同じ対策で十分対応可能なレベルの問題の配点	5割程度

したがって，6～7割の点数を目標にするのであれば，新傾向の考察問題への対策を行なうよりも，教科書の理解度を深めて教科書傍用レベルの問題集などでトレーニングを積むほうが効果的です。しかし，**教科書をこれまで以上に深く理解しておかなければ，7割以上正解するのは難しい**でしょう。センター試験には暗記した公式に数値を代入すれば解答できる計算問題などが少なからずありましたが，共通テストの対策では，**公式を導出し，その単元の背景をしっかり理解しておくことが非常に効果的**です。一方，9割前後の高得点をねらう受験生であれば，基本～標準レベルの問題を落とせないのはもちろんのこと，新傾向の考察問題もしっかり得点する必要があります（考察問題の対策については，のちほど説明します）。

2　何はともあれ，基礎理解が大切

少し話が変わりますが，私は東大クラスなどの授業では，「発展問題の多くは，基礎がほんとうに理解できているかどうかを問うのだ」といっています。発展問題というと，「高校の内容を超えた問題」とか「大学で学習する化学の内容の理解が必要」などと考えてしまう人が多いようです。もちろん，そのような問題もまれにはあるのですが，「ほんとうにこの内容を正しく理解できているの？」とか，「この内容について深く考えたことがあるの？」ということを試す設問が多いのです。同じように，**センター試験では出題されなかった新傾向の応用問題を解くうえでも，高いレベルでの基礎理解はとても重要**です。

*この傾向が顕著な大学の1つが東大です。たとえば，化学における重要用語の一つに共有結合している電子対《つい》を引きつける強さの指標である「電気陰性《でんきいんせい》度《ど》」がありますが，「その『強さ』をどのように見積もることができるか考えなさい」といったような出題がよくあります。

高得点をねらう受験生（その多くは，国公立大2次試験や難関私立大入試でも化学を使うでしょう）にぜひ実行してもらいたい学習方法があります。それは，**「整理する」ことと「調べる」こと**です。このことは当たり前のように思えますが，意識的にしっかりできている生徒は非常に少ないという印象を受けます。化学の実力が伸び悩んでいる受験生には，一夜漬けで乗りきった高1・2年の中間・期末テストの延長線上で受験勉強を行なってしまっている人がとても多いのです。共通テストに限らず，入試問題は範囲が非常に広く，また，内容が正しく理解できていなければ正解が導けない問題も多いので，付け焼き刃の学習法では行きづまります。ですから，横着せずにしっかり腰を据えて理解・整理し直すことが（多少時間はかかりますが）最も有効かつ確実なのです。

たとえば，無機化学では「結合」についての理解度が低いとなかなか学習が進みませんが，一度しっかり整理・理解してしまえば，ただ暗記してきた事項の意味やつながりがわかって効果的に学習できるようになります。また，用語の定義などは意外にあいまいなまま学習を進めてしまいがちですが，たとえば，「生成熱ってなんだっけ？」と疑問に思ったら一度は教科書などで該当単元をしっかり調べることが大切です。反対に，これらのことが自然にできている受験生は化学の得点が高位安定しています。

3　新傾向の考察問題の対策

まずは，先述したように基礎学力をしっかり固めることが必須です。135ページに示した「大学入試センター発表による，試行調査・各大問のねらい」に，「～についての理解を基に」と記述してあることに気づいていますか。作問者は**化学の基礎理解を前提とした考察力・応用力を試している**のです。

考察力・応用力を身につけるための学習のポイントは，以下の3つにまとめられます。

❶　ふだんから身の回りの物質や現象に興味をもつ。気になることがあったら（高校の範囲にとらわれず）積極的に調べたりみずから考えたりする習慣をつける
❷　文章読解力および情報処理能力を高める
❸　解答スピードを上げる

いずれも一朝一夕に身につくものではないので，早い段階からしっかりトレーニングしましょう。**高2のころから意識的に行なえていることが理想的**です。

❶についてはいうまでもありませんが，❷はむしろ国語と算数・数学の学習で身につくものだと思います。我われ理科教育者のあいだではよく，小・中学で「国語」「算数・数学」をしっかり学習している生徒は理科の理解も早いといわれています。これらの素養は一般社会でも非常に重要ですから，しっかりと身につけておきたいものです。

また，試験で高得点をとるにあたってじつはとても効果的なのが❸です。考察問題は，文章を読んだり情報を整理したりするのにどうしても時間がかかります。**考察問題以外を解くスピードを上げれば，考察問題に十分に時間をかけることができます。**

4　「化学基礎」の内容もしっかりとおさえよう

化学（4単位）は，「化学基礎」の内容を前提とします。直接的な出題はないとしても，「化学基礎」の学習も怠ってはいけません。

第2章 第5節

おわりに

化学が苦手な生徒には，「考えてもよくわからないから，内容を理解するのは放棄してとりあえず公式を暗記して問題を解きまくってなんとかしよう」という姿勢で学習している人が少なからずいます。たしかに，このような学習でもある程度までは得点力が向上するのですが，その後，目標点に到達する前に成長がストップしてしまう人をこれまでたくさんみてきました。短期的な結果を求めず，しっかりと腰を据えて化学に向き合ってください。そのようにして身につけた正しい考え方は，大学入学後にも，もちろん卒業後にも役立ちます。それこそが，共通テストの真の目的なのです。

MEMO

第6節

共通テスト 生物(4単位)の勉強法

――太田　信頼（駿台予備学校生物科講師）

センター試験に代わる大学入学共通テストでは，基礎学力のほかに情報処理能力や仮説検証・設定などが求められます。変更点をきちんと理解して，本番まで入念に準備していきましょう！

センター試験と共通テストの各大問の構成の相違

まず，センター試験（2019～2017年）と試行調査の大問構成を比較します。大きく異なる点は以下のとおりです。次のページ以降に載っているセンター試験〔以下，本試験〕と試行調査の大問構成を比較すると，そのちがいがさらによくわかると思います。

1　各大問の設問数・マーク数・配点が大きく異なる

センター試験では，各大問も第1～5問が必答問題（各大問18点，設問数は各6問程度），第6・7問が選択問題（各大問10点，設問数は各3問程度）で統一されていました。

一方，共通テストの第1回試行調査の大問数は6題であり，中には選択肢が最大で①～⑫まで存在する設問もありました。第1回試行調査にくらべると第2回試行調査ではマーク数の減少や問題レベルの易化がみられたので，配点開示はありませんでしたが，第1回試行調査の平均点は36.05点（第2回試行調査の受検生の平均点）を下回っていたと予想されます。

第2回試行調査では大問数が5題に減少し，第1回試行調査とくらべてページ数は4ページ減少しましたが，図・表は4つ増加しました。設問数・マーク数・配点はともに大問ごとに大きく異なり，解答数は大問によって3～10個，配点は12～30点と，大きな開きがありました。問題の難度に差があり，失点が目立つ設問も多めでした。

センター試験では各大問の難度の差が小さかったため，1問10分といった時間配分の目安を設定できました。一方，共通テストでは大問ごとの設問数や難度の差が大きいため，単純な時間設定はできず，**解答時間の配分に十分気をつける必要があります。**

2　複数の分野の内容を問う融合型の大問が大半を占める

センター試験では，1つの大問は教科書の1章分にあたる特定の分野から出題されるだけであり，複数の分野が組み合わされて出題されることはほとんどありませんでした。一方，共通テストでは大問の主要分野はあるものの，**複数の分野から1つの事象を多面的に問う大問が多く，教科書の分野間のつながりを意識した学習が必要となる**と予想されます。

センター試験の傾向（2019～2017年）

＊第1～5問は必答，第6・7問から大問1つを選択。

大問番号	出題分野	設問数	マーク数	配点
第1問	生命現象と物質	5～6	6	18
第2問	生殖と発生	4～5	5～7	18
第3問	生物の環境応答	4～6	5～7	18
第4問	生態と環境	3～5	5～6	18
第5問	生物の進化と系統	6	6～8	18
第6問	生命現象と物質	2～3	3	10
第7問	生物の進化と系統	3	3～4	10

第1回試行調査

受験者数	平均点
5,110人	配点の開示なし

大問番号（中問番号）		出題分野	出題内容	設問数	マーク数
第1問		生態と環境 生殖と発生	生物の分布，ゴカイの個体群密度と個体群の成長，発生	3	3
第2問	A	生殖と発生 生命現象と物質	遺伝子の発現，減数分裂	3	4
	B	生殖と発生 生物の環境応答	ABC モデル，温度傾性《けいせい》	3	3
第3問	A	生命現象と物質 生物の環境応答	気孔の開閉，CO_2・O_2 の季節変動	3	3
	B	生命現象と物質	除草剤が植物を枯らすしくみ	3	6
第4問	A	生態と環境	花粉量と微粒炭《びりゅうたん》の推移とバイオーム	2	3
	B	生物の進化と系統	花粉管の発芽孔《はつがこう》の進化，被子《ひし》植物の多様化，地質時代	3	3
第5問	A	生命現象と物質	大腸菌のタンパク質発現《はつげん》の測定，DNA の濃度測定	2	2
	B	生物の進化と系統	耳垢《みみあか》の遺伝，遺伝子頻度	3	3
第6問		生物の環境応答	イヌでのオキシトシンの効果	3	3

第2回試行調査

受験者	平均点
1,611 人（うち，1,386 人が高 3 生）	35.52 点（全受験者の平均点） 36.05 点（高 3 生の平均点）

大問番号（中問番号）		出題分野	出題内容	設問数	マーク数	配点（平均点）
第1問	A	生物の環境応答	骨格筋《こっかくきん》の構造と収縮	2	2	9*(4.1)
	B	生物の環境応答	ATP合成とヒトのエネルギー供給	1	1	3（1.1）
第2問	A	生物の進化と系統 生殖と発生	植物の発生と進化，生殖的隔離	4	5	15*(8.8)
	B	生物の環境応答 生態と環境	花芽《かが》形成，植物の生存戦略，物質収支	4	5	15*(4.3)
第3問		生殖と発生 生物の進化と系統	ハエの発生（卵割《らんかつ》と形態形成），系統分類	4	4	14*(4.7)
第4問		生殖と発生 生態と環境	リスの個体群の動態や絶滅のリスク	5	6	18*(4.1)
第5問	A	生命現象と物質	遺伝子組換え，細胞骨格	3	3	11*(3.9)
	B	生命現象と物質 生物の進化と系統	細胞小器官，酵素の高次構造の形成と活性，遺伝子頻度	4	5	15*(4.7)

*上表配点内の*は，部分点が与えられた設問があることを示す。

共通テストで問われる問題の内容・出題形式

2回の試行調査における出題形式は，次のページのとおりです。とくに，**「仮説設定」「仮説検証」，表などの数値の整理・解析，写真の選択といった出題はセンター試験ではあまりみられなかったものであ**

り，共通テストの実施を意識した試行調査で多くの大問に出ました。共通テストの対策では，このような問題の学習がとりわけ重要視されます。

大問番号	第1回試行調査 第1問	第1回試行調査 第2問	第1回試行調査 第3問	第1回試行調査 第4問	第1回試行調査 第5問	第1回試行調査 第6問	第2回試行調査 第1問	第2回試行調査 第2問	第2回試行調査 第3問	第2回試行調査 第4問	第2回試行調査 第5問
会話文		○									○
模式図		○					○	○	○		○
分布図・スケッチ	○	○									
グラフ		○	○	○	○	○	○	○		○	○
系統樹				○				○			
表数	2	1		2	3			2		1	2
写真数			4	5			2	4			
実験考察	○	○	○		○		○	○			○
基本知識の問題									○		○
計算					○						○
探究活動			○							○	○
仮説設定			○	○							
仮説検証						○		○	○	○	○
グラフ作成					○						

*表の○は出題があったことを，表数と写真数は設問中に示された数をそれぞれ示す。

センター試験と大きく変わった点は，**生物の基本用語を問う空欄補充や，用語を問う単答問題，一般的な基本内容の選択問題**などが**ほとんど見られない**ところです。

先述した試行調査の出題形式からもわかるように，センター試験にあった単純暗記型の設問はほとんど姿を消し，設問の多くが仮説検証や仮説設定，図・表の整理を必要とする考察問題などに変わりました。一見すると，知識を必要とする設問が減ったため**問題解法のスキルさえ身につければ一定の得点を獲得できるように思うかもしれませんが，教科書にある一般的な知識を前提として考察する問題も含まれているので，**そう単純に判断してはなりません。そのため，高得点をねらう場合はとくに，教科書内容の十分な理解，および，その内容をほかの分野や生命現象と結びつけて学習することが必須です。

共通テストで問われる問題の指針

大学入試センターでは，「思考力・判断力・表現力」にかんする能力を判定するため以下のような点を重視して試行調査を作問したと述べています。このような点は共通テストの主要テーマでもあるため，若干の修正はあるものの，本番にも引き継がれると予想されます。先述の出題内容が以下のどの指針に含まれるのかを確認しておきましょう。

出題の指針	指針の内容	試行調査における実際の出題例
❶ 課題の把握	図・表や資料などから，自然の事物・現象に係る情報を原理・法則に従って抽出し，関係性などを発見することができる。また，これらの情報を原理・法則に従い整理することができる	●写真を見て，どの生物を示すのかを判断する （第1回:第4問／問5, 第2回:第2問／問4） ●模式図を見て，どの現象を示した図であるかを判断する （第1回：第1問／問3など） ●複数のデータが示された表や図の数値を自分で設定したグループごとに分類して，その内容を判断する （第1回:第4問／問4, 第2回:第2問／問2・3など）

❷ 課題の探究（追究）	見通しをもち，検証できる仮説を設定し，それを確かめるための観察・実験の計画を評価・選択・決定することができる。観察・実験等の結果を分析・解釈することができる	●探求活動を介して得た情報を基に，その観察・結果などから，生命現象の原理・法則に従って情報を整理する （第1回：第3問／問4・5など） ●本文の内容や与えられた図や表を基に，生命現象として最適な仮説を設定する （第1回：第3問B） ●会話文の内容をもとに，与えられたデータを検証し，生命現象の原理・法則に従って，その事象を最も合理的に説明できるようにする （第2回：第5問Bなど）
❸ 課題の解決	仮説の妥当性を検討したり，考察したりすることができる。全体を振り返って推論したり，新たな知識やモデル等を想像したりすることができる	●自分が設定した仮説，またはすでに与えられた仮説を検証し，適切な検証結果を導きだす （第2回：第3問／問3・4など） ●実験結果の考察過程が最適であるかを検証し，適切な検証結果を推論したり，追加実験を提案したりする （第1回：第6問／問3など） ●与えられている情報を基に，自然状態で起こりえる事象，将来起こり得る事象などを推論し，最も合理的な検証結果を導き出す （第2回：第2問／B問題など）

以上の❶～❸はそれぞれ独立して問われるわけではなく，1つの設問の中で❶➡❷➡❸のように順序立てて検討するよう求められることが多いので，それぞれのスキルを伸ばすだけでなく，総合力が身につくように対策を行なわなければいけません。

共通テスト対策の正攻法

出題傾向がセンター試験から大きく変化する共通テストの対策は，日ごろからどのように行なえばよいのでしょうか。以下，そのための勉強法を提案します。

1 教科書内容の理解と分野横断型の学習

共通テストでは単純な空欄補充や単答問題の出題はほぼみられず，文章選択などの知識問題が分野横断型に変わると予想されます。

とはいえ，考察するうえでの基本知識や学力は身につけておかなければなりません。**少なくとも，「生物基礎」「生物」の教科書に載っている単語や現象はきちんと説明できるよう整理し，他分野の内容と関連づけて覚える**ようにしましょう。

2 教科書の図や表，写真などの理解

共通テストでは，多くの生物や組織・器官の写真・スケッチ，教科書に載っている一般的な図や表が出題されます。

たとえば，第2回試行調査の第1問では，次のページのように，スマートフォンで撮影されたツナの筋肉の写真にもとづいて骨格筋の構造を尋ねる設問が出ています。また，以下のように，植物の系統樹に当てはまる生物を写真から選ぶ設問もあります。

▶第２回試行調査 （第１問Ａ）

ある高校では，缶詰のツナを利用し，骨格筋の観察実験を行った。少量のツナを洗剤液の中で細かくほぐした後，よく水洗いしながら更に細かくほぐした。これを染色液に浸してしばらくおいた後，よく水洗いしてスライドガラスに載せ，カバーガラスをかけて顕微鏡で観察した。接眼レンズを通して見えた像をスマートフォンで撮影したものが次の図１であり，図１の一部を拡大したものが下の図２である。

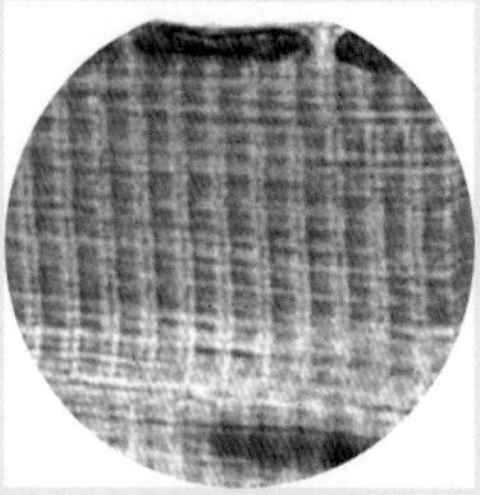

図　1

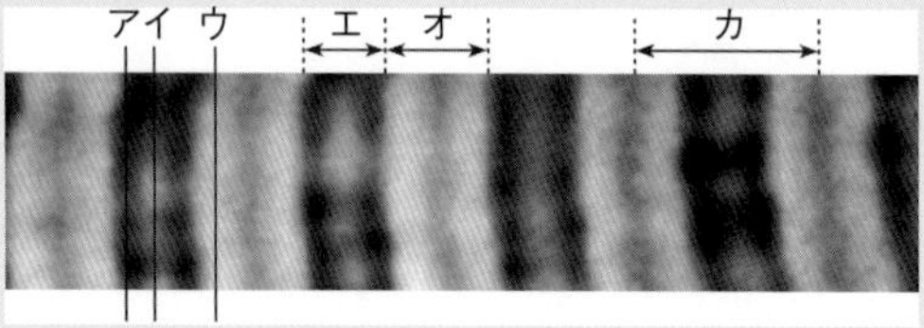

図　2

▶第２回試行調査 （第２問Ａ／問４）

次の図５は，トレニア属の種Ａと植物Ｈ～Ｋの系統樹である。また，下の図６は，植物Ｉ～Ｋの写真である。系統樹中の**ア**～**ウ**に入る植物の組合せとして最も適当なものを，下の①～⑥のうちから一つ選べ。

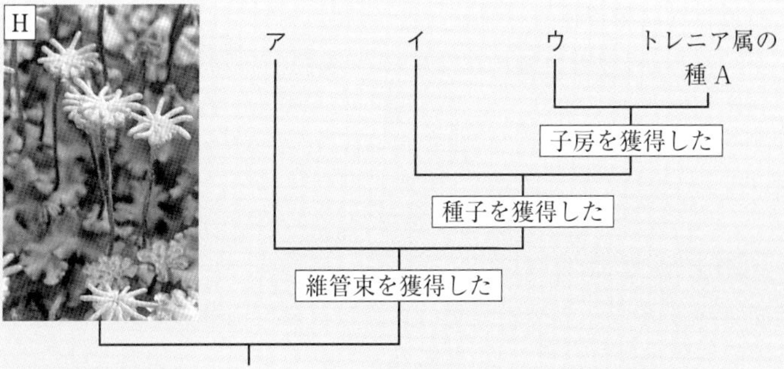

図 5

図 6

このように，一般的な写真・スケッチや図，表に意識的に触れるよう，ふだんから心がけておく必要があります。この習慣がないと，答えはわかっても正解が選べないという事態に陥ってしまいます。

3 本文に書かれた内容を正確に理解しよう

本文や問題文には，問題を解くうえで重要なヒントが示されています。とくに注意したいのが，以下の内容です。

- 化学反応や実験の流れの道筋を示す内容
- 初見内容の物質名やそのはたらき，生命現象の説明
- 実験の条件（光量《こうりょう》・温度などの数値，物質添加の有無など）の説明
- 図・表の内容（縦軸・横軸，各グラフの意味など）の説明

このような内容が本文中に出てきたら，**下線を引いてすぐに見直せるようにするか，理解するのに手間取る場合には簡単な図や表を描き，視覚的に判断できるようにする**習慣をつけましょう。問題文を何度も読み返す時間はありません。最初にこのような処理を行なえば，解答時間は大幅に短縮できます。

4 図が示す意味や目盛りに注意しよう

最初に図をみるときに注意すべき点は，縦軸と横軸が何を示しているかを見きわめることです。外形はまったく同じ図であっても，軸の内容がちがえばグラフの意味する内容も異なります。また，**目盛りが通常の目盛りであるのか対数《たいすう》目盛であるかなどにも注意しましょう。**例を見てみます。

▶第 2 回試行調査（第 4 問／問 2）

表 1 のデータをもとに描いたリスの生存曲線として最も適当なものを，次の①〜⑥のうちから一つ選べ。

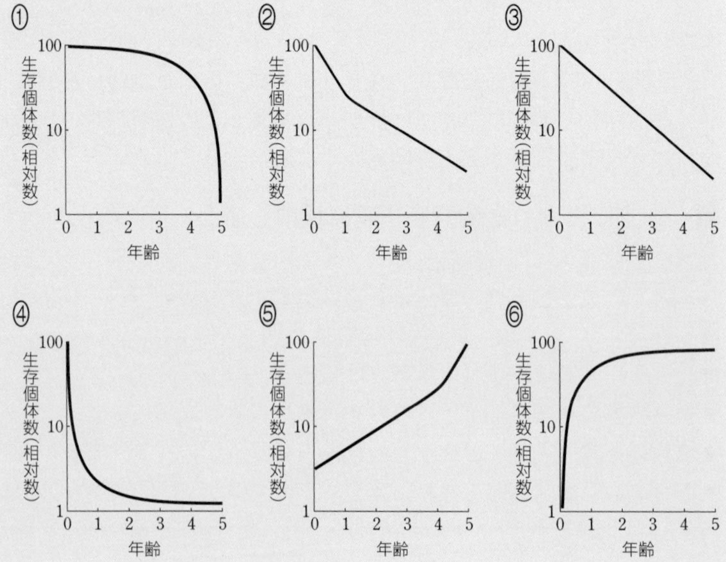

この設問では，縦軸が対数であるという点に注目しなければなりません。かりにこれを通常の目盛りで考察した場合には，まったく異なる解答になってしまうからです。

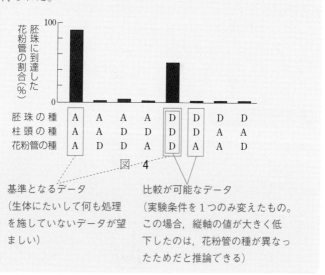

5 図や表に列挙されたデータの比較

図や表には多くの情報が示されており，これらを同時に解析することはできません。**条件が1つだけ異なる2者間を比較するという原則に沿って解析する習慣をつけましょう。**例をあげます。

▶第2回試行調査（第2問A）

種AまたはDの花粉を，同種または別種の柱頭に付けて発芽させた。発芽した花粉管を含む柱頭を切り取って培地上に置き，同種または別種の胚珠とともに，図2のように培養した。その後，伸長した花粉管のうち，胚珠に到達した花粉管の割合を調べたところ，次の図4の結果が得られた。

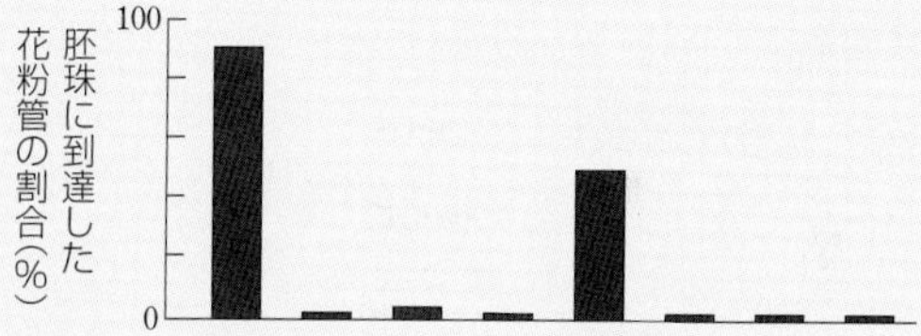

胚珠の種	A	A	A	A	D	D	D	D
柱頭の種	A	A	D	D	D	D	A	A
花粉管の種	A	D	D	A	D	A	A	D

図 4

基準となるデータ（生体にたいして何も処理を施していないデータが望ましい）

比較が可能なデータ（実験条件を1つのみ変えたもの。この場合，縦軸の値が大きく低下したのは，花粉管の種が異なったためだと推論できる）

ここでは，AとDという異なる2種を用いて，胚珠《はいしゅ》・柱頭《ちゅうとう》・花粉《かふん》管《かん》を他種に置き換えた場合における花粉管の誘引《ゆういん》の程度をみています。**グラフの読み取りの基準となるデータ**（すべてAまたは，すべてDのグラフ）**をまず見きわめ，そこから，条件が1つだけ異なるデータを2者間で比較**していきましょう。1つの条件が変化して結果が大きく変わる場合には，結果を変えた条件がその要因だとわかり（今回の場合は，花粉管の変化），結果がほとんど変化しなければ変えた条件はその要因にはかかわっていない可能性が高くなります。

けっして，条件を2つ以上変えたものどうしを比較してはなりません。たとえば，ある植物を栽培し，光強度《ひかりきょうど》と温度の両方を同時に下げた結果，光合成速度が大きく低下したとします。ここでは，光合成速度の低下の原因が，❶ 光強度の低下のみに由来する，❷ 温度低下のみに由来する，❸ 光強度と温度の低下の両方に由来する，の3通りの可能性があると考察することができるので，結論を導きだすことはできません。

6 グラフの作成

試行調査には，センター試験では出題されていなかった**グラフの解析にかんする目新しい問題**もあります。

たとえば，以下は，表に示されたデータをもとにDNAの濃度と吸《きゅう》光度《こうど》の関係を自身でグラフに表し，その値によって計算するという出題です。

▶第1回試行調査（第5問A／問2）

DNAの溶液は260nmの波長の光を吸収するので，その吸収を測定することによってDNAの濃度を推定できる。このことを利用し，下線部(a)を大量培養して得たプラスミドを定量することにした。得られたプラスミドを100μLの水に溶かし，ここから1μLをとって99μLの水で希釈した。この希釈液と，あらかじめ濃度のわかっている複数のDNA溶液とについて，260nmの波長の光の吸収を測定したところ，次の表1の結果が得られた。表1のデータをもとに，得られたプラスミドDNAの総量を推定したときの値として最も適当なものを，下の①～⑨のうちから一つ選べ。［　　］μg

表　1

DNA 溶液	260mm の光の吸収の測定値
0 μg/mL	0.00
5 μg/mL	0.08
10 μg/mL	0.25
20 μg/mL	0.35
30 μg/mL	0.65
50 μg/mL	0.98
プラスミド	0.52

グラフ用紙

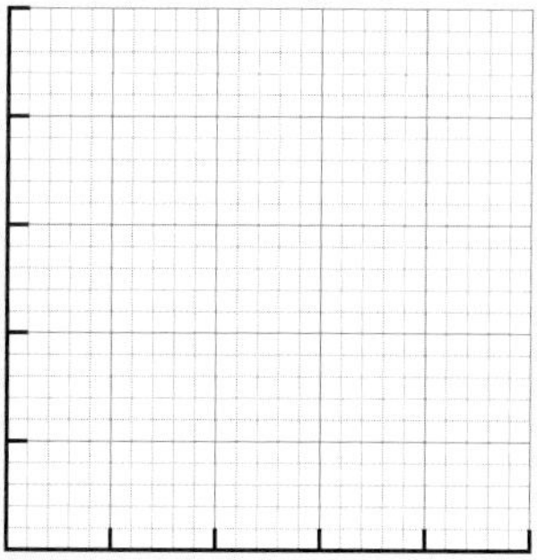

①　2.5　　②　12.5　　③　25
④　62.5　　⑤　125　　⑥　250
⑦　625　　⑧　1250　　⑨　2500

この設問で使用できる方眼紙にはグラフの横軸や縦軸の単位が含まれていないので，はじめから自分でデータを解析・情報処理する能力が問われています。もっとも，高校の実験などで日ごろからデータを整理する練習をしておけば十分に対応できるはずです。

7　表に示されたデータの共通点や関連性を見きわめる

表の解析では，同じ条件をもったデータを集め，その関連性を見きわめる必要があります。

たとえば，以下は，植物の発芽孔《はつがこう》の変化から被子《ひし》植物の出現位置と分布拡大の方向性を問う設問です。

▶第 1 回試行調査（第 4 問／問 4）

被子植物が出現した時代の花粉の化石について，発芽孔の数，生育した年代，および生育していた場所の当時の緯度を調べたところ，次の表 2 の結果が得られた。被子植物の分布の変化について述べた記述のうち，表 1・表 2 および図 3 の結果から導かれる推論として最も適当なものを，下の①～④のうちから一つ選べ。

表　2

試料番号	発芽孔の数(個)	年代(百万年前)	当時の緯度
1	3	67	北緯 60°
2	3	90	南緯 40°
3	1	67	北緯 60°
4	1	110	南緯 20°
5	1	135	北緯 5°
6	1	130	南緯 10°
7	3	110	北緯 25°
8	1	110	北緯 30°
9	1	100	南緯 35°
10	1	120	北緯 10°
11	3	90	南緯 20°
12	3	80	北緯 40°
13	4 以上	67	北緯 60°
14	4 以上	67	北緯 55°

考察：3 個以上の発芽孔をもつもの。年代が比較的新しく，高緯度に分布
結論：寒冷地域に分布を拡大

考察：1 個の発芽孔をもつもの。年代が比較的古く，低緯度に分布
結論：赤道に近い地域で出現

① 当時の赤道付近に出現し，高緯度方向に分布を広げた。
② 当時の北極付近に出現し，南方向に分布を広げた。
③ 当時の南極付近に出現し，北方向に分布を広げた。
④ 当時の北緯 30° 付近に出現し，南北方向に分布を広げた。

上の表では，発芽孔の数でおおまかにグループを設定し，それぞれのグループから共通する「年代」と「当時」の緯度を探します。

ここで注意したいのが，共通テストにおける表のデータ解析では，**実測値がよく使われることです。自分が立てた仮説に合わないデータも含まれていることがあるので，それらのデータは必要であれば無視して考察しなければなりません。**生命科学の世界では，個体差や進化の過程で本来より急速または非常にゆっくり進化したものもあります。そういう点も理解しておきましょう。

8　仮説の設定と仮説の検証，可能性のある事象についての検証，実験内容の検証

みずから仮説を立てるということは，ふだん問題を解くときなどに本文や図・表を見ながら少しでも疑問に思ったことは，「この事象はこうかもしれない」と想像力をはたらかせることと同じです。

また，自分が立てた仮説を検証していくという操作も必要です。仮説設定後に得た情報で自分の仮説が誤っていた場合には再構築し，正しい場合にはさらに仮説を確かなものにするために新たな知見を手に入れて，仮説に肉づけしていく必要があります。日ごろから疑問をもちながら問題の演習に励み，**疑問点やわかったことをメモ書きする**習慣をつけると，このスキルが上達します。以下は，会話文をもとにして仮説の設定・仮説の検証を行なう出題です。

▶第2回試行調査（第5問B）

保健の授業で，日本人には，お酒（エタノール）を飲んだときに顔が赤くなりやすい人が，欧米人に比べて多いことを学んだ。このことに興味をもったスミコ，カヨ，ススムの三人は，図書館に行ってその原因について調べてみることにした。

スミコ：この本によると，顔が赤くなりやすいのは，エタノールの中間代謝物であるアセトアルデヒドを分解するアセトアルデヒド脱水素酵素（以下，ALDH）の遺伝子に変異があって，アセトアルデヒドが体内に蓄積されやすいからなんですって。変異型の遺伝子をヘテロ接合やホモ接合でもつ人は，ALDHの活性が正常型のホモ接合の人の2割くらいになったりゼロに近くなったりするそうよ。

ここでは，これから検証する設問の提議を行なっている。問題をとくうえで主題となる部分なので，読み飛ばさないようにしよう

カ　ヨ：ヘテロ接合体は，正常型の表現型になるのが普通だと思っていたけど，違うのね。ヘテロ接合体の表現型って，どうやって決まるのかしら。

ススム：ヘテロ接合体の活性がとても低くなってしまうっていうところが，どうもピンとこないね。僕は，ヘテロ接合体であっても正常型の遺伝子をもつのだから，そこからできる(d)タンパク質が酵素としてはたらくことで，正常型のホモ接合体の半分になると思うんだけどなあ。（図 5）

ここでは，おのおのが疑問に思う内容を発議し，仮説を立てるうえでの下準備を行なっている。この内容について，これから仮説検証を行なう

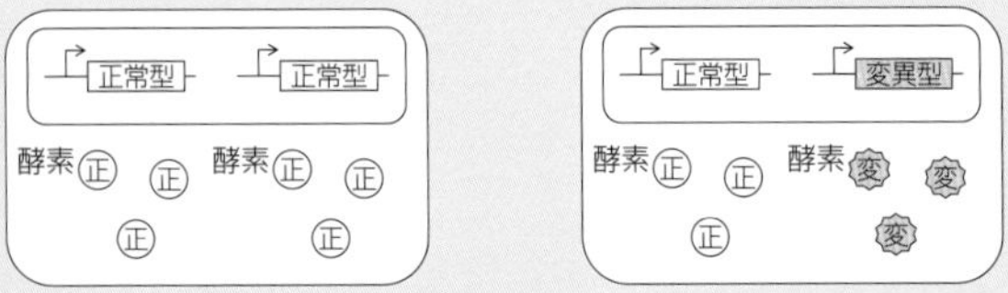

図　5

スミコ：あっ，もしかしたら，ALDH の遺伝子からつくられるポリペプチドは，(e)1 本では酵素としてはたらかないんじゃないかしら。

ススム：ALDH に関する本を見つけたよ。本当だ，4 本の同じポリペプチドが複合体となってはたらくんだってさ。よし，4 本ではたらくとして計算してみるか。あれれ，(f)4 本でもヘテロ接合体の活性は，半分になってしまうぞ。

仮説を立証するために必要なデータを収集している。これらのデータは，設問を解くさいに必要な情報となる

カ　ヨ：ちょっと待って。私が見つけた文献には，ヘテロ接合体でできる5種類の複合体について詳しく書いてあるわ。(表1)

表1　5種類の複合体

変異ポリペプチドの本数	0	1	2	3	4
存在比	$\frac{1}{16}$	$\frac{4}{16}$	$\frac{6}{16}$	$\frac{4}{16}$	$\frac{1}{16}$
酵素活性（相対値）	100	48	12	5	4
複合体の例	正正 正正	正正 正変	変正 正変	変変 正変	変変 変変

カ　ヨ：表1から計算すると，ヘテロ接合体の活性は，正常型のホモ接合体の2割強になるわね。たぶん，ススムさんの計算は前提が違っているのよ。

スミコ：きっと活性のない変異ポリペプチドが，複合体の構成要素となって，活性を阻害しているのね。二人三脚で走るときに，速い人が遅い人と組むとスピードが遅くなるというのと同じことよ。ああ，だから，ヘテロ接合の人は，変異型のホモ接合体の表現型に近くなるんだわ。

ススム：なるほどね。日本人にお酒を飲んだときに顔が赤くなりやすい人が多いのには，変異ポリペプチドを含む複合体のALDHの活性と，変異型の遺伝子頻度

データをもとに仮説を設定している。
この仮説をもとに，設問要求に沿ったデータ解析，または仮説検証のための考察を行なう

という生物学的な背景があるんじゃないかな。じゃあ，みんなで(g)変異型の遺伝子頻度を調べてみようよ。」

このあとに続く設問では，表1をもとに，集合体を形成できるが活《かっ》性《せい》には寄与しない変異ポリペプチドを含む場合の2本の正常ポリペプチドが会合《かいごう》したときの酵素《こうそ》活性《かっせい》の変化をグラフで選択させ（問5），また下線部(f)の仮説が正しい場合の計算法を提案させ（問6），さらにはこのような酵素の例としてALDHを紹介して遺伝子頻度の計算などを行なわわせる（問7）よう構成されています。いずれの設問でも本文の正確な理解がものをいうので，この会話文のように，**自分で順序立てて仮説を設定・検証するスキルを身につけて**ください。

ここまで読んだ人には，共通テストの内容がセンター試験から大きく変わることがわかってもらえたはずです。知識だけでは太刀打ちできない問題であるからこそ，高得点を獲得できたときの喜びはいっそう大きなものになります。本番までにしっかり準備して最善の結果が得られることを心から祈っています。

MEMO

第7節

共通テスト
日本史Bの勉強法

――木本　祐介（四谷学院講師）

共通テストでは，既習知識の有無に加えて，資料の読解力・総合的考察力が試されます。新設の問題形式も多く，センター試験から劇的に変化しています。ふだんの学習への取り組みにも修正が迫られるでしょう。

はじめに

センター試験に代わり，2021年から共通テストが実施されます。何がどう変わるのか，解いた感じはどんなものなのか，どんな能力・学習が求められているのかなど，気になるところですね。とくに，国公立大志望者は大きな関心を寄せていることでしょうし，一部の私立大とその学部では共通テストの得点を換算して合否を判定するという変更を発表していることもあり，この傾向が広がる可能性も考えられます。そこで，大学入試センターなどの各機関の発表や，モデルとして2017年・2018年に実施された試行調査を精査するとともに，これに応じるための学習法などを提示していきたいと思います。

まず，独立行政法人大学入試センターが発表した「令和3年度大学入学者選抜に係《かかわ》る大学入学共通テスト問題作成方針」によれば，日本史Bについて次のように説明されています。

求める力について

> 歴史に係る事象を多面的・多角的に考察する過程を重視する。用語などを含めた個別の事実等に関する知識のみならず，歴史的事象の意味や意義，特色や相互の関連等について，総合的に考察する力を求める。

問題作成について

❶　事象に関する深い理解に基づいて，例えば，教科書等で扱われていない初見の資料であっても，そこから得られる情報と授業で学んだ知識を関連付ける問題
❷　仮説をたて，資料に基づいて根拠を示したり，検証したりする問題
❸　歴史の展開を考察したり，時代や地域を超えて特定のテーマについて考察したりする問題

そして，文部科学省やセンター試験から共通テストへの改編を示唆した中央教育審議会の答申も，センター試験の要素が「基礎的な知識・技能」「用語などを含めた個別の事実等に関する知識」の有無を試すものであるのにたいし，共通テストでは「思考力・判断力・表現力」「総合的に考察する力」を追加し，評価の中心に据えることを示しています。

- センター試験：知識・技能を評価
- 共通テスト　：知識・技能＋思考力・判断力・総合的考察力を評価

なるほど，それぞれの機関が「思考力・考察力」なるものを試すことを新傾向として打ち出しているようですね。

試行調査の出題傾向分析

次に，2017年（第1回）・2018年（第2回）に実施された試行調査のうち，いくつかの特徴的な問題と解説を通じてセンター試験との相違点や共通テストの新傾向を分析していきましょう。

1　資料読解問題（既習知識と資料情報を統合して解く問題）

▶第１回試行調査（第１問／問３）

C班　発表資料

室町時代の惣村

惣村

寄合（惣村の自治的協議機関）

大事なことは全員参加による審議で判断

乙名・年寄・沙汰人（指導者層）

惣百姓（一般構成員）

協議されたこと

資料　『今堀日吉神社文書』

定　条々事

一　寄合ふれ二度に出でざる人は，五十文咎《とが》（注）たるべき者なり

一　森林木なへ（苗）切木は，五百文ずつ，咎たるべき者なり

一　木柴ならびにくわの木は，百文ずつの，咎たるべき者なり

衆議に依て定むる所，件《くだん》の如し

文安五年
（1448）

（注）　咎：この場合は罰金のこと

下人・名子（隷属農民）

資料の分析　この**資料**では，「寄合」での話し合いにより［ウ］が決められていた。

仮説　この時代に惣村で，［ウ］が決められたのは，［エ］という背景があったからだと考えられる。

問　C班の発表資料中，空欄 [ウ]・[エ] に入る語句の組合せとして適当なものを，下の①～④のうちから一つ選べ。

[ウ]

X　村における年貢の納入に関すること

Y　村における裁判権の行使に関すること

[エ]

a　領主が制定した掟による裁判により，村人同士の連帯意識が薄れた

b　自分たちの村の秩序を，自分たちの力で共同して守ろうとした

①　X－a　　②　X－b　　③　Y－a　　④　Y－b

例として示したこの問い，はじめて見たときに私は焦りました……設問は語句の組合せとして適当なものを選ぶものですが，[ウ]・[エ] はそれぞれ「資料の分析」「仮説」と書かれており，センター試験では感じなかった違和感をいだきます。以下，この違和感の原因が何なのかも考えながら，冷静に分析していきましょう。

まず「『寄合《よりあい》』での話し合いにより」「決められていた」ことが空欄 [ウ] なので，惣村《そうそん》の枠内にある「寄合」➡「協議されたこと」➡資料「今堀《いまほり》日《ひ》吉神社《よしじんじゃ》文書」という順で進んでいき，内容を読み取ります。「(注)　咎：この場合は罰金のこと」というヒントをもとに意味を明確にすると，以下のようになります。

- 寄合の連絡を2度しても欠席した者には，罰金を50文課す
- 森林苗木《なえぎ》を切った者には，罰金を500文ずつ課す
- 木《き》柴《しば》・桑の木を切った者には，罰金を100文ずつ課す

すると，これらは村内における罰則規定だとわかるので，[ウ] はY（村における裁判権の行使に関すること）が適当だとわかります。資料の読み取りを基礎にした語句選択の問いです。

[エ]は，[ウ]（「村における裁判権の行使に関すること」）が決められた背景です。惣村が戦乱からの自衛や領主による厳しい年貢収奪に対抗するために百姓が連帯し形成した共同体であること，また連帯・団結を維持するためにみずから掟（惣《そう》掟《おきて》）を定め違反者を百姓の衆議にもとづいて制裁したこと（地《じ》下《げ》検《けん》断《だん》）などの知識があれば，[エ]はb（自分たちの村の秩序を，自分たちの力で共同して守ろうとした）が入る可能性が高いと判断できるでしょう。ただし，「C班発表資料」の「寄合」の「大事なことは全員参加による審議で判断」や，「今堀日吉神社文書」の「衆議に依て定むる所，件の如し」などの表現にも留意すべきであり，これらがbの「自分たちの力で共同して」の部分に反映されていることを考察できれば，迷うことなくbを[エ]に入れることができます。

[ウ]は，資料（史料）の読み取りであり，[エ]は[ウ]の正解（正しい資料の読み取り）を基礎にしているので，**既習知識と資料から拾い上げた情報を統合して正解を出す**問いだといえます。正解は④です。

ここで，惣村にかんするセンター試験の出題の一部と比較してみましょう。

▶2008年センター試験〔本試験〕（第1問／問3）

中世の惣村における神社や祭礼に関して述べた次の文X～Zについて，その正誤の組合せとして正しいものを，以下の①～④のうちから一つ選べ。

X　神社の祭礼行事の組織として宮座が結成された。
Y　人々は鎮守の神社などに集まって，太占によって結束を誓った。
Z　神社の祭礼行事は寺社奉行によって決定された。

① X 正 Y 正 Z 誤　② X 正 Y 誤 Z 誤
③ X 誤 Y 正 Z 正　④ X 誤 Y 誤 Z 正

Xは正文で，“宮座《みやざ》＝惣村における祭祀《さいし》組織”という基本的な知識です。Yは「太占《ふとまに》」が誤りで，“太占＝古代人が行なっていた吉凶占い”という知識があれば判定できます。Zも誤文で，“寺社奉行＝江戸幕府の一役職”という知識があれば判定可能です。正解は②です。

このように，共通テストとセンター試験を比較していくと両者のちがいが明らかになります。センター試験の設問は既習知識の確認を中心的課題としていましたが，**共通テストの試行調査は，その確認に偏ることなく，思考・考察の能力判定を中心的課題**としています。今回の問いでいえば，「C班　発表資料」を素材にして，惣村の特徴である「自治·共同性」を読み取らせ，この特徴を「背景」として設定し，因果関係を考えさせています。センター試験にくらべてかなり注意深く解かなければなりませんし，難度も上がっていると考えてよいでしょう。

次のページでもう1問みてみましょう。

▶第1回試行調査（第1問／問4）

D班　発表資料

戦国時代の堺

調べてわかったこと

堺は，有力な町衆である会合衆によって治められている。それは，ベニス市における執政官のような存在だったらしい。

さらに調べたこと

ベニス市の執政官について，先生から次の資料（堺より古い時代らしい）を紹介された。

資料　『フリードリヒ1世事績録』におけるベニス市などの記述

> （北イタリアの諸都市では）命令者よりも執政官の意見によって治められている。市民の間には3つの身分すなわち領主，陪臣《ばいしん》(注)，平民があることが知られているが，横暴を抑えるため，執政官は一身分からではなく各身分から選ばれる。また支配欲が出ないよう，執政官はほぼ毎年交代する。
>
> （注）　陪臣：領主の家臣

仮説　堺の町の運営は，次の図のように表すことができる。

図　**オ**

問　D班の発表資料中，図**オ**に入るものとして最も適当なものを，次の①～④のうちから一つ選べ（図中の○印は堺のこと）。

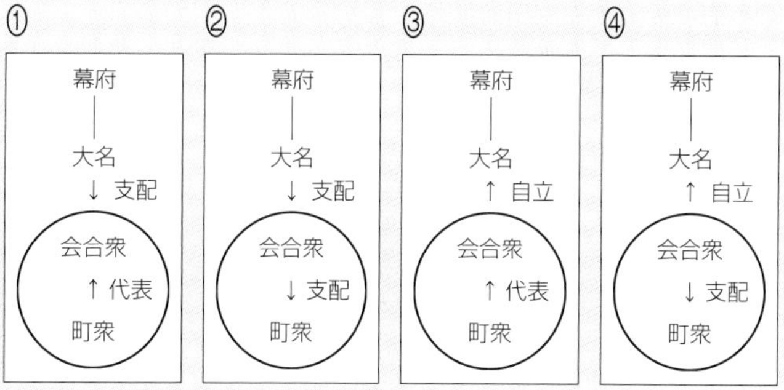

堺《さかい》の町の運営図を選択させる設問です。「答えが模式図?!」と，ちょっと焦りますね……　落ち着きを取り戻してヒントを探ると，「仮説」の「堺の町の運営」については，「調べてわかったこと」で「堺は，有力な町衆である会合衆《えごうしゅう》によって治められている」と説明されていることがわかります。つづけて「会合衆」の説明として「ベニス市における執政官《しっせいかん》のような存在」とあり，「さらに調べたこと」以下で執政官についての資料を示し，ベニス市における執政官のあり方を堺における会合衆のあり方のヒントとして示しています。現代文の設問のようにここまできちんと読み進めたいものです。

「資料」では，次の 2 点に注意が必要です。1 つめは，「(北イタリアの諸都市では）命令者よりも執政官の意見によって治められている。」の部分。これにより，答えの選択肢で幕府・大名が堺を「支配」している図（①・②）は適当ではなく，堺が「自立」しているほうが適当だとわかります。2 つめは，「執政官は一身分からではなく各身分から選ばれる。また支配欲が出ないよう，執政官はほぼ毎年交代する」という記述。ここから，会合衆が町衆を「代表」する存在であり，「支配」はしていないことがわかります。④が誤りとなるので，正解は③です。

これは，資料から読み取った情報を総合して堺の構造をとらえ，模式図と対応させて正解を導く必要がある問いです。センター試験にくらべて**読み取り，思考する回数が増えているので，難度が上がったという印象を受けます。**大学入試センターなどの発表どおり，たしかに「知識＜思考」を問うています。

2　評価と根拠の組合せ問題

▶第 1 回試行調査（第 5 問／問 2）

下線部 b（日米修好通商条約調印）に関連して，太郎さんは，条約交渉における幕府の対応について調べた結果，X・Y の二つの異なる評価があることが分かった。X・Y の評価をそれぞれ根拠づける情報を X は a・b，Y は c・d から選ぶ場合，評価と根拠の組合せとして適当なものを，下の①～④のうちから一つ選べ。

評　価

X　幕府は西洋諸国との外交経験が不足しており，外国の威圧に屈して，外国の利益を優先した条約を結んだ。

Y　幕府は当時の日本の実情をもとに外交交渉を行い，合理的に判断し，主体的に条約を結んだ。

根　拠

a　のちに条約を改正することを可能とする条文が盛り込まれていた。

b　日本に税率の決定権がなく，両国が協議して決める協定関税制度を認めた。

c　外国人の居住と商業活動の範囲を制限する居留地を設けた。

d　日米和親条約に引き続き，日本は片務的最恵国待遇を認めた。

① X－a　Y－c　② X－a　Y－d
③ X－b　Y－c　④ X－b　Y－d

日米交渉における幕府対応への異なる評価 X・Y を示し，これに対応する「根拠」をそれぞれ 2 つの選択肢から選ばせる問いです。「根拠」a～d の記述はすべて歴史的事実として正しく，「評価」との関連を明らかにする論理的な思考力を試すことが設問の課題とされています。センター試験の出題であれば，日米間の条約内容を正誤判定させる問いを設け，正しい知識の有無を確認するだけだったはずです（175

ページの，2008年センター試験の設問を参照)。この問いでは**評価と根拠の組合せ**という形式が新しく，課題もセンター試験とは異なっていることがわかります。

「評価」Xについて。「条約を改正することを可能とする条文が盛り込まれていた」こと（＝a）と，日本が「協定関税制度を認めた」こと（＝b）のどちらを「根拠」にすれば「評価」Xが成立するのかを考えればよいのですね。この場合は，「根拠」bが「評価」X「外国の利益を優先した条約を結んだ」ことと対応していると判断できます。一方，「根拠」aは，幕府の「西洋諸国との外交経験が不足して」いたことや「外国の利益を優先した条約を結んだ」ことを意味しないので，「根拠」と「評価」の組合せとしては成立しません。

次に，「評価」Yについて。「評価」Yのように幕府が「当時の日本の実情をもとに外交交渉を行い，合理的に判断し，主体的に条約を結んだ」ことは，c「居留地《きょりゅうち》を設けた」と対応しています。「評価Y」にある「当時の日本の実情」は，当時の日本が西洋諸国よりも産業力・経済力ともに脆弱《ぜいじゃく》で，外国人の居住と商業活動の範囲を制限しなければ大きな不利益を受ける状態にあったことを意味します。幕府はそうした「日本の実情」をもとに「居留地を設け」るよう外交交渉を進めたのだと判断できます。一方，日本が引き続き「片務的最恵国待遇を認めた」こと（＝d）は不平等性の維持を意味しますが,「日本の実情」としてそれを必要とする状況は考えにくく，「合理的に判断し」たとはいえません。したがって，正解は③（X－b／Y－c）です。

3 歴史見解に反論する文章の正誤問題

▶第2回試行調査（第3問／問2）

次の文章は，ある生徒が書いたレポートの要旨である。これを読んで,下の問いに答えよ（資料は，一部省略したり，書き改めたりしたところもある)。

日本は海に囲まれている。海を介して外からの波が日本に大きな影響を与えたことが分かる。日本の歴史を見た場合，外からの文明的な波は大きく三つあった。一つ目は7～8世紀で，中国の影響の下に日本の古代国家が成立した。二つ目は$_a$15～16世紀で，中国とともに南蛮諸国からの影響が強かった。そして，三つ目が19～20世紀で，欧米の波というべき時代で，近世から近代へと大きく転換した。
そうすると，$_b$10～14世紀や17～18世紀は，外からの波が少なかった時代ということができる。

問　歴史には様々な見方がある。下線部bの時代には「外からの波」が少なかったという見方に対する反論として成り立つものを，次の①～④のうちから一つ選べ。

① この時代には，海外渡航許可書を持った貿易船が東南アジアに行っており，その交流を通して「外からの波」は少なくなかった。
② この時代には，中国に公式の使節が派遣され，先進的な政治制度や文化などがもたらされており，「外からの波」は少なくなかった。
③ この時代には，長崎の出島の商館を窓口にして，ヨーロッパの文物を受け入れており，「外からの波」は少なくなかった。
④ この時代には，中国との正式な国交はなかったが，僧侶や商人の往来を通して「外からの波」は少なくなかった。

「見方に対する反論として成り立つものを選べ」という問いです。またもや焦りますね……　選択肢にはすべて「この時代（10～14世紀）には」という語句が共通しているので，よく読む必要があります。

①は朱印船《しゅいんせん》貿易であり17世紀初頭の記述，②は「公式の使節《しせつ》」「先進的な政治制度や文化」から7～9世紀の遣隋使《けんずいし》・遣唐使《けんとうし》の記述，③は17世紀鎖国体制以降の記述だとそれぞれわかります。①・②・③を消去できれば，④が9世紀末の遣唐使廃止後に宋《そう》・元《げん》とのあいだで僧侶の往来や貿易が行なわれていた10～14世紀の記述だとわかり，正解として判定できます。

外交についての知識を基礎にした正誤判定という点は従来のセンター試験と共通しますが，**ある歴史見解を示し，これに反論し得る文**

を選択させるという形式に加え，判断するさいにセンター試験よりも多面的な思考が必要です。新傾向として認識しておくべきでしょう。

4　複数の正解の組合せがある問題

▶第２回試行調査（第６問／問７）

近現代史に関するまとめの授業で，時代の転換点を考えてみることになり，Aさん，Bさん，Cさんは，次のような中間発表を行った。それぞれの発表を読み，下の問いに答えよ。

Aさんの発表

私は，日露戦争での勝利が日本の大きな転換点の一つだと思います。その理由は，日本人の意識に大きな変化があったのではないかと考えたからです。a夏目漱石の『三四郎』の一節を取り上げたいと思います。この作品の中で漱石は，中学校教師に「こんな顔をして，こんなに弱っていては，いくら日露戦争に勝って，一等国になってもだめですね。」と語らせ，「三四郎は日露戦争以後こんな人間に出会うとは思いもよらなかった。」と書いています。漱石が描いたこの時期は，b日露戦争後の日本人の意識の変化があったと考えられ，時代の転換点だったと思います。

Bさんの発表

私は，大正から昭和初期にかけての文化の大衆化を大きな転換点と考えました。その理由は，文化の大衆化が，今日の政治思想につながるc吉野作造が唱えた民本主義を人々に広め，いわゆる「憲政の常道」を支える基盤を作ったと考えたからです。この時期に中等教育が普及し，高等教育機関が拡充されたことを背景にして，新聞や総合雑誌の発行部数の急激な増加，円本の発刊など，マスメディアが発達し，社会運動が広がることに結び付くと考えました。

C さんの発表

私は，1960 年代を大きな転換点と考えました。1960 年に岸内閣に代わった池田内閣が「国民所得倍増計画の構想」を閣議決定し，「今後 10 年以内に国民総生産 26 兆円に到達することを目標」としました。その結果，d経済が安定的に成長する時代を迎えると同時にその歪《ひず》みも現れました。この時期には社会全体も大きく変化しました。〔中略〕こうした変化から私は大きな転換点と考えました。

問　A さん，B さん，C さんの発表に対して，賛成や反対の意見が出された後，ほかにも転換点はあるのではないかという提案があり，次の①・②があげられた。あなたが転換点として支持する歴史的事象を次の①・②から一つ選び，その理由を下の③～⑧のうちから一つ選べ。なお，歴史的事象と理由の組合せとして適当なものは複数あるが，解答は一つでよい。

あげられた歴史的事象　35

①　ポツダム宣言の受諾　　②　1945 年の衆議院議員選挙法改正

理由　36

③　この宣言には，経済・社会・文化などに関する国際協力を実現するための機関を創設することが決められていたから。

④　この宣言には，共産主義体制の拡大に対して，日本が資本主義陣営に属すことが決められていたから。

⑤　この宣言には，日本軍の武装解除など，軍国主義を完全に除去することが決められていたから。

⑥　従来，女性の選挙権は認められてきたが，被選挙権がこの法律で初めて認められるようになったから。

⑦　初めて女性参政権が認められて選挙権が拡大するとともに，翌年多くの女性議員が誕生したから。

⑧　この法律により，女性が政治集会を主催したり参加したりすることが可能になったから。

「『歴史的事象』と『理由』の組合せとして適当なものは複数あるが，解答は一つでよい。」……「はぁ?!!」と思いますよね（笑）。設問・選択肢を読むと「あげられた歴史的事象」①（ポツダム宣言の受諾）・②（1945 年の衆議院議員選挙法改正）は「時代の転換点」としていずれも成り立つ語句なので①・②のどちらかを選び，それに対応する「理由」は③〜⑧から選べばよいとわかります。第 1・2 回試行調査とも，このように**異なる立場を設定していずれかを選択させ，選択した理由としてふさわしいものを答えさせるという出題**がなされています。

では，解説してみましょう。あげられた歴史的事象を①とする場合，理由は⑤しかありません。日本軍の武装解除など軍国主義の完全除去はポツダム宣言の内容です。③は国際連合憲章の説明であり，④は占領解除後の日本の外交方針についての記述であり，ポツダム宣言の内容には該当しません。

事象②（1945 年の衆議院議員選挙法改正）の場合，理由は⑦が正解です。1945 年に 20 歳以上の男女に選挙権が承認され，女性国会議員 39 名が当選したことは既習知識でしょう。⑥は「従来，女性の選挙権は認められてきた」が誤りであり，⑧は 1922 年の治安警察法第 5 条改正の内容なので誤りです。したがって，正解は①-⑤，あるいは②-⑦です。

共通テストで求められる学力と具体的な勉強法

1　出題傾向の把握と対策

ここまで，第 1・2 回試行調査を材料として新傾向をみてきましたが，センター試験のように知識の有無を問うだけの設問はほとんどなく，**資料（写真・絵画・地図・模式図・表・グラフ・文字など）を読み取るにせよ，歴史事象についての評価と根拠を組み合わせるにせよ，思考・判断を重ねて正解を導く力が問われている**ことに間違いはないでしょう。大学入試センターのホームページには設問ごとの「主に問いたい資質・能力」としてさまざまな要素が掲載されていますが，結局のところ，求められている力は思考力・判断力を含む総合的な考察力なのです。

共通テストの試行調査にみられる新傾向

❶ 資料読解問題（既習知識と資料情報を統合して解く問題）が多い。注意深く資料を読まなかったり，気を抜いたりすると正解できない。資料にヒントがひそんでいるという前提で，現代文のように「読み解く」という積極的な姿勢が強く求められている。第1回試行調査では18／31問（約58%），第2回試行調査では21／36問（58%。以上，筆者調べ）

*資料の種類：写真・絵画・地図・模式図・表・グラフ・文字

❷ 評価と根拠の組合せ問題（新設）

❸ 歴史見解に反論する文章の正誤問題（新設）

❹ 複数の正解の組合せがある問題（新設）

しかし，思考力・判断力・総合的考察力が求められているといっても，それほど大げさに考える必要はないと，私は考えています。

先述した5つの問いの解説のとおり，最初は慣れない問題形式に焦りますが，論理的に考えれば正解にたどり着けます。根拠がない，入口が見えないという奇問ではありませんし，日本史Bの知識が必要とされる点ではセンター試験と変わりありません。情報をとらえ活用していく過程で思考・判断をともなう点が新たに加わるだけです。

2　ふだんからの学習態度について

ここまでの話を総合すると，共通テスト対策は背景・原因・結果・影響などの経緯をつなぎ，その事象について総合的に理解していくことにある，といえます。

しかし，実際に予備校で指導していると，理解していない語句や文をそのまま暗記しようとする生徒がじつに多く，正しい共通テスト対策の反対を行なってしまっている風景が目立ちます。絶対に改めるべきです。**歴史は出来事ですから，必ず「前」と「後」があります。そ**

れらが「線」になったときにはじめて「なるほど」と理解でき，理解できるから記憶にも残りやすくなるのです。もし「考える･理解する」の段階で手を抜けば，その後の暗記や問題演習に支障が生じます。共通テストで試される思考力・判断力・考察力は，まさに「考える・理解する」の段階で鍛えられるものです。理解する姿勢がないようでは，暗記することも共通テストで得点することも難しいでしょう。

これはつねづね生徒たちに伝えていることなのですが，高校や予備校で何も考えず疑わず指示されたとおりに板書を書き写す，または語句をマーカーで色づけするというような受動的な学習態度で臨んでいたら，たとえ何時間かけたとしても理解度や思考力・判断力が磨かれることはありません。**理解が行き届いていない事象について，考えることなく「とりあえず授業後に暗記すればいい」という態度が最も危う**いのです。

授業を積極的に聴き，「よし，わかった」とうなずけることが重要です。思考力・判断力は，歴史事象の全体像を理解するために経緯や相互関連をていねいに追いつつ推論や想定を繰り返していくなかで磨かれていきます。日ごろの授業態度を受動的なものから積極的なものに変えようと努力してみてください。地味ですが，暗記にも理解力・判断力向上にもこれが最も確実な勉強法だと，私は考えています。

❶　意識改革：「日本史＝理解➡暗記」と考える
❷　授業中：思考を止めない。歴史的経緯に注意を払い，なるべくたくさん書き残す
❸　復習：授業中の理解を再現➡暗記
❹　❶～❸を繰り返す➡総合的考察力の向上

3　何をもって「理解」とみなすか

たとえば，**帰宅後の自分，試験前の追い込み時期の自分（つまり，「未来の自分」）にたいして，ノート・テキストを見ながらであっても説明・講義を再現してあげることができるか？**　とイメージしてみてください。それができるならば理解できていると判断してよいでしょう。

もし「未来の自分」から質問されたと想定した場合，不明点があってはいけませんね。**授業中には先生の説明を聴きながら不明点・質問点に✓印をつけてみましょう。**さらには，**授業中に質問できるようであれば，その場で質問してしまいましょう。**

「つまらない質問かなあ……　質問したら変に思われるかなあ……」などと気にしていると，疑問点が放置され，暗記が遅れて成績が伸び悩みます。なりふりかまわず，カッコつけずに質問してみましょう。先生に質問して一つでも理解できれば，共通テストを解く力が養成されたことになるのです。

MEMO

第8節 共通テスト 世界史Bの勉強法

——山口　良二（ベネッセお茶の水ゼミナール講師・河合塾講師）

共通テストは「センター試験からの踏襲部分」と「新たに設けた部分」で構成されることが予想されます。両者を明らかにすることによって今後の学習の道筋がみえてきます。

はじめに

まずは，大学入試センターが公表している共通テストおよびセンター試験における問題作成の方針を確認しましょう。なお，世界史B以外の地歴科目（日本史B・地理B）にも少し言及しています。

資料 1　令和 3 年度（2021年）大学入学者選抜に係る大学入学共通テスト問題作成方針（「地理歴史」）

*波線は筆者による。

> 歴史に関わる事象を多面的・多角的に考察する過程を重視する。用語などを含めた個別の事実等に関する知識のみならず，歴史的事象の意味や意義，特色や相互の関連等について，総合的に考察する力を求める。問題の作成に当たっては，事象に関する深い理解に基づいて，例えば，教科書等で扱われていない初見の資料であっても，そこから得られる情報と授業で学んだ知識を関連付ける問題，仮説を立て，資料に基づいて根拠を示したり，検証したりする問題や，歴史の展開を考察したり，時代や地域を超えて特定のテーマについて考察したりする問題などを含めて検討する。
>
> （大学入試センター　ホームページより抜粋）

資料2 平成31年度（2019年）センター試験世界史Bにおける問題作成の方針

＊波線は筆者による。

(1) 高等学校学習指導要領（以下「指導要領」という）への対応

指導要領は，諸地域世界の形成と諸地域間の交流を主眼とし，特に近現代における世界の一体化の展開を念頭に置きつつ，日本の歴史を近現代の世界の形成過程と関連付けることを重視している。問題作成に当たっては，この指導要領への対応を考慮し，地域間交流や世界の一体化について思考させ，特に日本を含めた近現代世界への理解を深めるように出題を工夫した。

(2) 現教育課程教科書の特色を踏まえた出題

「世界史B」のいずれの教科書においても，図版・図表を活用したヴィジュアルな資料提示が工夫され，諸地域の形成と交流，そして近現代の世界の一体化が重要な主題とされているが，「世界史A」と同様に，内容については独自色が濃くなっている傾向が見られる。問題作成に当たっては，これらの教科書の多様な記述を踏まえて，特定の教科書で学んだ受験者に有利不利のないようにリード文や設問を工夫しつつ，歴史の幅広い基本的事項を問うようにした。また，地域間の連関や地理的知識も問い，歴史的事象の総合的な理解を受験者に求めた。

(3) 出題範囲と形式 問題数（大問4問，小問36問）と形式は前年までのやり方を踏襲した。指導要領の趣旨に沿って，出題範囲は世界の各地域と各時代をできる限り網羅し，更には政治史・経済史・文化史のバランスを考慮し，かつ教科書の範囲内で，基本的事項を問うように努めた。難度に関わる方針には，特に変更はなかった。

(4) 指導要領・教科書に沿った基礎的・基本的内容を中心としつつも，思考力を尋ねる問題の作成に努めた。

（大学入試センター　ホームページより抜粋）

共通テストの方針に，「個別の事実等に関する知識のみならず，……総合的に考察する力を求める」とあります。一方，2019年センター試験の方針にも「思考力を尋ねる問題の作成に努めた」とありますが，実際には「史実であるか否か」を尋ねる出題が大半を占めていました。

同じセンター試験であっても日本史Bでは未見史料を，地理Bでは地図・統計などを用いて「史料・資料から何が読み取れるか」を考察・思考する力が求められる出題が毎年続いていたため，**地歴科目の中では世界史Bが最も知識偏重であった**といえます。そのため，世界史Bでは日本史B・地理B以上に大きな変化が起こると予想されます。

共通テストについては，188ページの資料1で示されている方針に従ってすでに第1回（2017年），第2回（2018年）の試行調査問題が作成・発表されていますので，以下，**「用語の頻度と量」「出題範囲」「出題形式」**の3点を比較して，センター試験との共通点および相違点を確認します。

センター試験との共通点および相違点

1　用語の頻度と量の比較

まず，**「用語の頻度と量」**について検討します。

「用語」というのは，教科書に太字で記載されている人名・事件名などの歴史用語をさします。定期テストではこれらの用語が直接問われることが多いため，一般的には高校生が学習する知識の中核をなします。

「頻度」は，世界史Bの教科書7冊のうち，何冊の教科書に用語が記載されているかという度合いです。同じ情報が『世界史B用語集』（山川出版社）にも記載されているので，ふだんの学習で活用している受験生も多いことでしょう。

以下，2年分の試行調査および過去2年分のセンター試験におけるすべての問題の選択肢で用いられている用語の頻度と量を比較するために表1を作成しました。なお，頻度は1～7で表しています。

表1　用語の頻度・量の比較

頻度	第1回 試行調査	第2回 試行調査	2017年 センター試験〔本試験〕	2018年 センター試験〔本試験〕
1～3	2（2.4%）	0（0%）	7（3.5%）	2（1.2%）
4	2（2.4%）	2（1.9%）	12（6.1%）	12（7.0%）
5	5（6.0%）	7（6.7%）	36（18.3%）	26（15.2%）
6	6（7.1%）	22（21.2%）	46（23.4%）	34（19.9%）
7	69（82.1%）	73（70.2%）	96（48.7%）	97（56.7%）
用語総数	84	104	197	171

189ページの資料2(2)中の「特定の教科書で学んだ受験者に有利不利のないように」のとおり，センター試験では過半数の教科書に記載されている用語（「頻度4」以上）が全体の90%を占めており，試行調査もこの点は共通していますが，「頻度7」（＝すべての教科書に記載されている用語）の割合は試行調査のほうが高いことから，**共通テストは，センター試験以上に基本的な知識が問われるテストになると予想されます。**

また，用語の総数を比較すると，試行調査ではセンター試験の50%前後程度となっており，選択肢そのものに用語が含まれていない設問が目立ちます。このことは，各選択肢の文が「**史実であるか否か」を判断することで正解を導きだすことができた従来の形式の問題が減少する**ということを意味するでしょう。

2　出題範囲の比較

次に，出題範囲におけるちがいの有無を検討します。

189ページの資料2(1)には「日本を含めた近現代史世界への理解を深めるように出題を工夫した。」とあります。この方針が共通テストでは踏襲されるか否かには188ページの資料1では言及されていませんが，試行調査とセンター試験における近現代史や日本史に関連した問題の出題度合いの比較により予想することは可能であるため，比較した結果を以下の表 2 にまとめました。なお，近現代史の範囲は西暦 1800 年以降と定義しています。

表 2　近現代史・日本関連史の量の比較

	第 1 回 試行調査	第 2 回 試行調査	2017 年 センター試験 〔本試験〕	2018 年 センター試験 〔本試験〕
小問の選択肢に近現代史が含まれている問題	21（58.3%）	23（67.6%）	17（47.2%）	17（47.2%）
（うち，第二次世界大戦後の歴史を含む問題）	5（13.9%）	6（17.6%）	5（13.9%）	9（25.0%）
日本史に関連する問題	3（8.3%）	2（5.9%）	3（8.3%）	2（5.6%）
問題総数	36	34	36	36

「日本史に関連する問題」については試行調査・センター試験ともに 2 ～ 3 問にとどまっていますが，近現代史については試行調査のほうが 4 ～ 6 問多い結果となりました。第二次世界大戦後の歴史を含む問題は同じかやや少ない分量となっているため，近現代史のうち，19 世紀から第二次世界大戦までを範囲とした問題が増加したことになります。この数字をみるかぎりでは，共通テストの出題範囲については**センター試験に引き続き日本史を含む近現代史からの出題を重視する，あるいはセンター試験以上に近現代史を重視する**という方針だといえます。

3　出題形式の比較

試験時間は 60 分，解答方法は全問マークシート式であり，センター試験の設定が踏襲されています。問題数は，第 1 回試行調査が 36 問，第 2 回が 34 問であり，近年 36 問で構成されていたセンター試験から大きな変更はありません（第2回試行調査は2問少ない34問構成になっていますが，第1回試行調査後の結果報告書には，生徒・教員の両方から「分量が多かった」との意見があったと記載されており，これが反映されたものと予想されます）。

各小問における形式について，従来のセンター試験では，各問の文章中に付されている下線部にかんする4択正誤判定問題が全体の大部分を占め，下線部にかんする2つの文の正誤の組合せを尋ねる問題が全体の2割程度でした。正誤組合せ問題では消去法が使えないため4択正誤判定問題より難度がおおむね高く，また実質的には2問答えていることになるため，解答に時間を要します。世界史Bは日本史B・地理Bとの選択科目である以上，この3科目の平均点差をできるだけ小さくすることが求められます。科目間のバランスを保つうえで，以下の表3で示された4択正誤判定問題と組合せ問題の出題比（およそ4：1）がセンター試験の長い歴史の中で築かれていった，いわば「黄金比」であったと思われます（なお，地歴科目で平均点差に起因する得点調整が行なわれたのは，1998年の1回のみです）。

表3　各小問における出題形式の比較

形　式	第1回試行調査	第2回試行調査	2017年センター試験〔本試験〕	2018年センター試験〔本試験〕
4択正誤判定問題（選択肢が文・語句・語で構成）	17（47.2%）	16（47.1%）	28（77.8%）	27（75.0%）
2文正誤組合せ問題	11（30.6%）	14（41.2%）	7（19.4%）	7（19.4%）
問題総数	36	34	36	36

一方，表3からは，試行調査では2文正誤組合せ問題が増加し，とくに第2回試行調査では4択正誤判定問題との出題比がおよそ1：1となって「黄金比」が崩れていることが確認できます。このような**組合せ問題の増加が本番での出題にも反映される**と予想されます。

試行調査の詳細分析

2回の試行調査で発表された問題を，冒頭で示した資料1（共通テスト「地理歴史」における問題作成の方針）との関連にも注目したうえで分析します。

1　「用語のみを尋ねる問題」「史実であるか否かのみを尋ねる問題」の減少

188ページの資料1にある「用語などを含めた個別の事実等に関する知識のみならず，歴史的事象の意味や意義，特色な相互の関連等について，総合的に考察する力を求める。」という方針が試行調査にどのように反映されているのかを，以下に例示します。

▶第1回試行調査（第3問／問3）

世界史上の民衆反乱について述べた次の文章を読み，下の問いに答えよ。

18世紀後半，コサック出身のプガチョフは，自分を死んだとされていた先帝であるロシア皇帝ピョートル3世であると名乗って，反乱を起こした。（中略）19世紀のロシアの$_{3}$ロマン主義作家であるプーシキンは，その作品において，プガチョフを民衆の中から生まれた民衆の指導者として描いている。

下線部3について述べた文として適当なものを，次の①～④のうちから一つ選べ。

① 個性や感情を重視し，歴史や民族文化の伝統を尊重した。
② 古代ギリシア・ローマの文化を理想とし，調和を重んじた。
③ 適者生存を原理とし，人種差別を擁護するのに利用された。
④ 光と色彩を重視し，主観的な印象を描いた。

この設問の正解は①です。ここではロマン主義の「内容」が問われていますが，センター試験であればロマン主義に該当する芸術家の活動について述べた文の正誤を判定させる設問となり，選択肢には「グリム兄弟」や『レ＝ミゼラブル』などロマン主義の作家や作品といった用語がおそらく含まれていたはずです。先の表1では試行調査における各小問の選択肢に使用されている用語がセンター試験の半分程度だと指摘しましたが，その理由の1つとして，**用語そのものを尋ねていた従来の設問の一部が，用語の意味を尋ねる問題に変わったこと**をあげることができます。

以下，センター試験と試行調査の出題を順に比較していきましょう。

*問題文中の波線および各選択肢末尾のコメント（赤文字部分）は，筆者によるものです。

▶2018年センター試験〔本試験〕（第1問／問2・3）

世界史上の帝国や王朝の支配について述べた次の文章を読み，下の問いに答えよ。

共和政末期，古代ローマは未曾有の内戦を経験した。〔中略〕帝政の開始以来およそ200年におよぶ繁栄の時代は$_2$「ローマの平和」と呼ばれ，$_3$ローマ帝国の安定した支配の下，帝国各地で数多くの都市が栄えた。しかし，3世紀になると，ササン朝ペルシアやゲルマン人の侵入が度重なり，「平和」は再び失われていくこととなる。

問2　下線部2の時期に起こった出来事について述べた文として誤っているものを，次の①～④のうちから一つ選べ。

① ペテロやパウロによって，キリスト教が広められた。 ➡史実

② 『ローマ法大全』が編纂された。
➡史実ではあるが，時期が異なるため誤文

③ ローマ帝国とインドとの間で，モンスーン（季節風）を利用した交易が行われた。 ➡史実

④ トラヤヌス帝の下で，ローマ帝国の版図が最大となった。
➡史実

問3　下線部3に関連して，ローマ帝国の支配下にあった諸都市のその後の歴史について述べた文として正しいものを，次の①～④のうちから一つ選べ。

① フィレンツェは，綿織物工業で栄え，ルネサンスの中心となった。　➡史実ではない

② アドリアノープルは，ガズナ朝によって征服された。
➡史実ではない

③ リスボンは，インド航路の開拓により，香辛料貿易で繁栄した。
➡史実

④ イェルサレムは，第4回十字軍によって占領された。
➡史実ではない

▶第2回試行調査（第1問／問1・3）

現在の世界の諸地域は，長年にわたる地域間の接触と交流の中で形成されてきた。世界史における接触と交流について述べた次の文章を読み，下の問いに答えよ。

次の地図は，地中海とその周辺地域を表している。この地図中の矢印は，歴史上生じた大規模な人の移動の始点と終点並びに移動の方向を，大まかに描いたものである。矢印aと矢印bは，ヨーロッパと北アフリカとの間の南北方向の移動を，また，矢印cと矢印dは，ヨーロッパと西アジアとの間の東西方向の移動を，それぞれ指している。

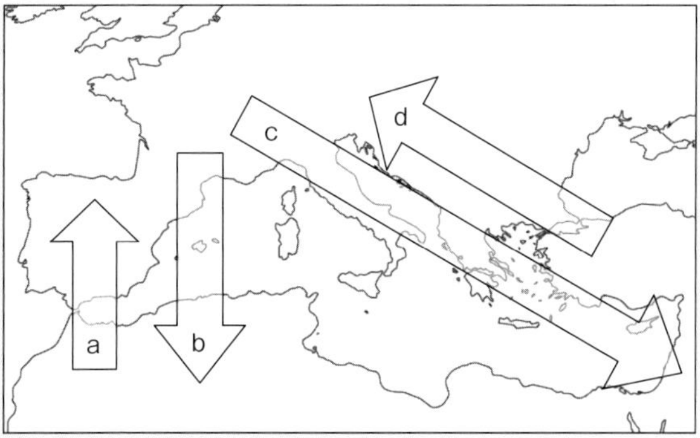

問1　矢印aまたは矢印bが示す人の移動について述べた文として最も適当なものを，次の①～④のうちから一つ選べ。

① 矢印aは，ノルマン人によるシチリア王国の建国を表している。
➡史実ではあるが，矢印aの移動に合致しない

② 矢印aは，ウマイヤ朝による西ゴート王国の征服を表している。
➡史実であり，矢印aの移動に合致

③ 矢印bは，ムッソリーニによるエチオピア侵攻を表している。
➡史実ではあるが，矢印bの移動に合致しない

④ 矢印bは，ド＝ゴールによるアルジェリアの植民地化を表している。➡史実ではない

〔途中省略〕

問3　上の地図で表された地域において接触した可能性がある勢力の組合せとして誤っているものを，次の①～④のうちから一つ選べ。

① 共和政ローマとカルタゴ　➡接触している

② メロヴィング朝とマムルーク朝
➡同時期に成立していない王朝であるため，接触の可能性はない

③ ビザンツ帝国（東ローマ帝国）とヴァンダル王国
➡接触している

④ スペイン王国とナスル朝　➡接触している

正　解

2018年センター試験　問2 ②　問3 ③

第2回試行調査　問1 ②　問3 ②

センター試験の設問，試行調査の設問とも地中海世界の歴史を扱っていますが，試行調査は，**「史実であるか否か」という判断だけでは正解にたどり着けない設定**となっています。

また，「史実であるか否か」のほかに求められる判断が，センター試験の場合は問2の選択肢②のように「選択肢の出来事が下線部の要求する時期に合致しているか」であるのにたいし，試行調査の場合は問1のように「選択肢の出来事が地図中に示されている矢印の向きに合致するか」です。**試行調査では，文字以外の情報からも正解を導き出すことが求められています。**

2 読解力や考察力を用いて，初見の情報から「可能性」を推測する問題の登場

先に紹介した第2回試行調査・問3の問題文をよく見ると，「接触した勢力」ではなく，「接触した可能性がある勢力」とあります。選択肢①・③・④で示された「接触」が史実であることは基本レベルの知識ですが，この問われ方の場合，かりにある勢力間の接触が行なわれ，その出来事が教科書に記載されていない（＝センター試験では出題できなかった）細かい知識であっても，それらの勢力が同時期に存在しており，かつ当時の交通事情から考えて接触可能な環境であれば正文として扱うことができてしまいます。

このような**「可能性」を尋ねる問題**として，以下の例も紹介します。

▶第2回試行調査（第3問／問1）

下の図は，イスタンブルのトプカプ宮殿に収蔵されている中国陶磁器である〔以下，写真省略〕。

図の碗《わん》はマラッカ（ムラカ）の総督であったPero de Fariaという

人物が注文して，1541年に中国で作らせたものである。その名と製作年が，碗の縁に沿って記されている。この碗の来歴はどのようなものと推測できるか。考えられることとして最も適当なものを，次の①～④のうちから一つ選べ。

① この碗が作られた当時，マラッカを統治していたオスマン帝国の総督が，碗をイスタンブルのスルタンに献上したのだろう。

② この碗が作られた当時，碗は注文主の手によって，インド洋を横断し，スエズ運河を経由してイスタンブルにもたらされたのだろう。

③ この碗が作られた当時，カントン（広州）貿易はイギリスが支配していたので，碗を運んだのは東インド会社の船だったのだろう。

④ この碗が作られた当時，マラッカは東洋貿易の拠点であったので，碗は中国からまずマラッカに運ばれたのだろう。

この設問の正解は④です。「何が推測できるか」という問題文にたいし各選択肢の文末が「～だろう。」となっており，正解を導きだすためには，選択肢の内容が「史実であるか否か」を吟味するだけでなく，問題文にある「1541年」に注目しこの時期の出来事として「あり得るか否か」を判断することが求められます。このような**「可能性」を尋ねる問題**は，従来のセンター試験にはみられなかった共通テストの特徴の1つとなるでしょう。

3 リード文がただの「前フリ」ではない問題の登場

1の項目で述べたとおり，センター試験の設問は，「下線部に関連して」という文言があるものの，下線部を見なくても選択肢の吟味だけで正解できるものでした。一方，試行調査の2つの設問では，地中海世界についての記述がその前のリード文に含まれています。

このように，センター試験で出題されていた設問の大半は選択肢のみで正解可能であるため，各大問のリード文および下線部がなくても成立していました。これにたいし，試行調査では，先の例にみられるようにリード文およびリード文に付随した資料の内容をふまえないと正解できない設問のほかに，リード文から読み取れる内容として適切なものを選ぶ設問や，リード文中の空欄に当てはまる適切な語・語句・文を入れる設問など，**選択肢の吟味だけでは正解できない形式が多くを占めています。**このため，共通テストでは真の意味で「次の文章を読み，下の問いに答える」出題がなされることとなりそうです。

4　資料・史料を扱う問題の増加

1の項目にあげた試行調査の設問では地図が，2では図版がそれぞれ用いられていましたが，これらのほかにも，試行調査ではグラフ・図などが資料・史料として頻繁に出題されています。以下の表4を見てください。

表4　使用されている資料・史料の数

＊小問の選択肢で使用されているものは1問で1つとする。

資料・史料	第1回 試行調査	第2回 試行調査	2017年度 センター試験 〔本試験〕	2018年度 センター試験 〔本試験〕
地　図	5	2	1	2
図　版	7	9	5	7
統　計 （グラフ・表）	4	6	1	1
文字史料	9	4	0	0
系　図	4	0	0	0

図版については，センター試験でも数点使用されていたもののあくまでリード文に出てくる建造物や作品などの参照用であり，設問を解くにあたって必要な情報ではありませんでした。これにたいし，試行調査で使用されている図版は設問の選択肢にも使用されているため，**図版が何を表しているかを考察する必要があります。**

また，1次資料を日本語訳した文字史料では，トゥール司教グレゴリウス『歴史十巻』（第1回試行調査／第1問B）や宮崎滔天《みやざきとうてん》『三十三年の夢』（第2回試行調査／第2問B）のような，受験生にとってはおそらく初見となるはずの史料も登場しました。共通テスト作成方針にも「教科書等で扱われていない初見の資料であっても，そこから得られる情報と授業で学んだ知識を関連付ける問題」と指摘されており，**未見史料を用いた設問は共通テストにおける出題パターンの1つになると予想されます。**

5 歴史の全体像をとらえ，問題文の要求に応じて必要な部分を抽出する問題の登場

つづけて，共通テスト作成方針にある「時代や地域を超えて特定のテーマについて考察したりする問題」を想定したであろう設問を紹介します。

▶第2回試行調査（第4問／問5）

資料2は，中国の王朝と自国との関係を，自国の優位ないし対等とする立場から述べた歴史書の記述である。これとは異なる立場に立って書かれたと考えられる資料を，次の①～④から一つ選べ。

*資料2は，モンゴル語年代記『アルタン=ハーン伝』からの引用であり，アルタンと中国（明）皇帝との会見のようすについて言及している。

① 隋に宛てた日本（倭）の国書

日出ずる処《ところ》の天子が，書を日没する処の天子に致す，恙《つつが》はないか。

② 明に送った琉球国王の国書

琉球国王の尚《しょう》巴《は》志《し》が謹んで申し上げる。我が国は，父祖が太祖皇帝（洪武帝）から暦を頂戴して臣属して以来，今に至るまで五十数年，厚い恩を受け，折にふれ朝貢している。

③　ベトナムの黎朝が出した布告

> 我が大越の国は文を重んじる国であり，国土は別々である上に，習俗もまた南北（ベトナムと中国）で異なっている。趙・丁・李・陳（ベトナムの諸王朝）が我が国を興して以来，漢・唐・宋・元とそれぞれ並び立つ帝国をつくってきた。

④　チベットのラサに立てられた「唐蕃会盟碑」

> チベットと中国の両国は，現在支配している領域と境界を守り，その東方すべては大中国の領域，西方すべてはまさしく大チベットの領域で，チベット人はチベットで安らかにし，中国人は中国で安らかにするという大いなる政事を結んで一つにした。

正解は②です。資料2の内容が「アルタン=ハーンが，対等な立場で明皇帝との会見に臨んだ」ものであることに気づいたうえで選択肢①～④の資料を比較し，「中国に対して臣属し朝貢を行っている」と読み取れる②を選べます。じつは，問題文に「自国の優位ないし対等とする立場から述べた」とあるため，資料2を読み解く必要はありません。選択肢①～④の読解のみで解答を導きだせることから世界史Bの知識を必要としない設問ではありますが，「中国とその周辺国家との関係」というテーマについて時代や地域の異なる各事象を比較・考察することを試みたといえます。

このほかにも，女性自身によるあるいは女性を通じた君主継承の例についての設問（第1回試行調査／第4問）などにも同様のタイプがみられるため，**共通テストでも各時代・各地域における歴史的事象の類似性や対照性を尋ねる設問が出題される可能性があります。**

具体的な勉強法――「2階建て」の建物をつくる

これまでの分析にもとづき，共通テストの出題傾向予想と，受験生が今後どのような学習を行なうべきかという方針，すなわち現時点で効果的と考えられる攻略法を紹介します。

1 「深い知識」よりも「広い知識」を

試行調査とセンター試験の共通点・相違点を比較した結果，共通テストは，既存のセンター試験からの完全な決別というよりは，「各時代・各地域における基本的な知識」を重視してきたセンター試験を土台とし，これに「様々な情報から適切な知識を導き出す読解力・考察力」が求められる問題の発展形であることがわかりました。2階建ての建物にたとえると，**センター試験でも求められてきた学力が「1階部分」，共通テストで新たに求められる学力が「2階部分」に該当します**。土台が安定していない建物が少しの風雨でも崩壊してしまうように，基本的な知識なくして論理的な思考はできません。では，その「基本的な知識」はどのようにして身につければよいのでしょうか。

まず，**全時代・全地域・全分野をまんべんなく学習する**ことが必要です。センター試験時代には近現代史が重視されていましたが，高得点をねらうためには18世紀までの前近代史にも対応できる学力を身につけなければなりません。前近代史をきちんと理解すれば，前近代の影響を受けた近代史の理解も深まります。地域についても，教科書で多くのページを占めているヨーロッパ史・中国史に限らず，これらの地域と関連があるアフリカ・アメリカ・アジア諸地域なども幅広く学習することによって，同時代における他地域との関連，いわゆる「**横のつながり**」を尋ねる設問に備えましょう。

また，政治史だけではなく，**社会経済史や文化史のように，支配者以外の視点から学ぶことも重要**です。国家や王朝による統治の歴史にとどまらず，そこに生きる人びとの経済活動や思想などさまざまな視点から総合的に学んでいきましょう。

2　どこまで覚えるべきか，何を覚えるべきか

覚えるべき用語の分量については，191 ページの表 1 で示したとおり**「頻度 4」（＝過半数の教科書に記載されている用語）が目安となります。**

覚えるべき年代については，**前近代史ならば**，たとえば「大モンゴル国（モンゴル帝国）の成立は 13 世紀前半」「レパントの海戦は 16 世紀後半」のように，それぞれの出来事の時期が**何世紀の前半あるいは後半に該当するかを把握していきます。**また，**19 世紀以降の近現代史ならば**，たとえば「アメリカ合衆国の大陸横断鉄道開通は 1860 年代」「サウジアラビア王国の建国は 1930 年代」のように **10 年単位でまとめます。**「特定の時代･地域･分野に強い受験生」ではなく，**「特定の時代・地域・分野に弱点がない受験生」を目標として日々の学習に取り組みましょう。**

3　「特別な対策」ではなく，「ふだんからの学習」を意識する

土台の強度を上げつつ「2 階部分」を建設します。**「1 階部分」の完成後に取り組むのではなく，「1 階部分」と「2 階部分」を同時に建設するのが理想的**です。

以下，ふだんの学習から意識してほしいことを，フランス革命を例に数点あげます。

❶ 「フランス革命とは何か」を自分の言葉で説明する
❷ 「なぜ 18 世紀後半にフランス革命が起こったのか（17 世紀にフランス革命が起こらなかった理由はあるのか。もしあるならば，それは何か）」を考察する
❸ 「フランス革命の歴史的意義は何か」を考察する
❹ 「フランス革命とイギリス革命（ピューリタン革命・名誉革命）との共通点・相違点は何か」を考察する

前のページに示したような学習法はいずれも共通テストで試される学力を鍛えるうえで有効ですが，テストのための特別な対策と位置づけるのではなく，ふだんからの学習における必須の取り組みとしてとらえてください。また，この取り組みは，世界史の壮大さに触れ，世界史に興味をもつためのきっかけにもなるでしょう。

個人的な意見ですが，**世界史は「興味」の科目**だと思います。たしかに記憶力のよさは点数をとるための有力な武器ですが，経験上，「英語や国語は得意なのに，世界史は苦手」「世界史の勉強に時間をかけているのに，得点が伸びない」と悩む受験生の多くが，世界史に興味をもっていないという印象を受けます。世界史は，ほかにもまして「好きこそもののじょうずなれ」という言葉がよく当てはまる科目です。ぜひ，今回の共通テスト導入をきっかけとして一つひとつの歴史的事象をさまざまな視点からとらえることに慣れ，世界史に興味をもつ受験生が増えてくれることを切に願います。

おわりに

共通テストは，2020年の時点では過去問が存在しないため，センター試験時代の受験生とくらべて，自身の学力到達度を把握する機会が限定されてしまいます。

でも，過度に恐れる必要はありません。じつは，**試行調査の出題形式は，文部科学省が毎年度実施している高等学校卒業程度認定試験（旧・大学入学資格検定）の出題形式に類似しています**。試行調査の問題は文部科学省のホームページでみられるので，これを活用することによって共通テストの形式に慣れていってください。

また，共通テストは1問の解答に時間がかかるため，60分という試験時間をフル活用することが必要です。したがって，**予想問題である模試は，学力を試す場としてだけでなく，適切な時間配分を身につける訓練の場としても利用してください**。

以上，みなさんの健闘を心よりお祈りします。

第9節

共通テスト地理Bの勉強法

——松本　聡（河合塾講師）

地理Bにおいては，センター試験と共通テストにちがいはほとんどありません。これは，地理Bの設問が従来から図表を多用し，場面設定も利用して，受験生にたいして知識をもとにした「思考力・判断力」を求めてきたことによるものです。

共通テストとセンター試験との共通点および相違点

1　分量の比較

下の表1をみてもわかるように，試行調査では，センター試験にくらべて大問数・小問数・マーク数のいずれも減少していますが、問題のページ数には変化がありません。これは、文化祭での展示資料の作成や会話文などの場面設定を用いた大問が3つあり、図表が多く用いられたためです。

表1

	センター試験（2020年）〔X〕	第2回試行調査（2018年）〔Y〕	差〔X－Y〕
大問数	6	5	－1
小問数	35	30	－5
マーク数	35	32*	－3
ページ数	34	34	0

*小問数とマーク数が異なるのは、複数回答問題があるため。
著者の調査により作成。

2 大問の分野，テーマの比較と予想

次のページの 表2 は試行調査（第1回・第2回），表3 はセンター試験（2019年・2020年）の出題分野・テーマについてそれぞれ2年分を示したものです。これらの表からわかることをまとめると，以下の❶～❻のとおりです。

❶ 2度実施された試行調査の出題分野・テーマは，センター試験をほぼ踏襲し，第1問「自然環境」，第2問「産業」，第3問「村落・都市」「生活文化」と「人口」，第4問「地誌」，第5問「地域調査」となっている

❷ 第1問は，自然環境からの出題に変化はない

❸ 第2問は，産業からの出題に変化はない。2019年度のセンター試験では会話文などの場面設定はなかったものの，コーヒーにまつわる生産から消費までのシームレスな産業全般の出題であり，テーマが明確に設定されていて試行調査によく似た構成になっていた

❹ 第3問は，センター試験では都市・村落と生活文化からの出題が長らく続いたが，試行調査ではこれらに加えて人口のテーマも出題された。なお、第1回試行調査では都市・人口のテーマ，2018年では生活文化のテーマがそれぞれ出題された

❺ 現行課程のセンター試験において，地誌としては，第4問で総合地誌，第5問で比較地誌が出題されていたが，大問数が減少したことにより試行調査では比較地誌が出題されていない

❻ 第5問は，長らく地域調査のテーマについて出題され（センター試験では第6問），変化はほとんどない

したがって，分野とテーマにおいて**センター試験とのちがいはほとんどない**と予想されます。

第2章 第9節

表2　試行調査（第1回・第2回）

	第1問	第2問	第3問	第4問	第5問
第1回	熱帯の気候と日本の自然災害	世界の食料問題	世界の人口・都市	ヨーロッパ	地域調査（静岡県中部）
第2回	世界の自然環境と自然災害	資源・エネルギー開発と工業の発展	生活文化の多様性と自然環境	オセアニア	地域調査（大分市，別府市とその周辺）

*著者の調査により作成。

表3　センター試験（2019年・2020年）

	第1問	第2問	第3問	第4問	第5問	第6問
2019年	世界の自然環境と自然災害	資源と産業	都市・村落と生活文化	地中海沿岸地域	ウクライナとウズベキスタン	地域調査（宮崎市とその周辺）
2020年	世界の自然環境と自然災害	資源と産業	都市・村落	東南アジアとオセアニア	中国とブラジル	地域調査（山梨市とその周辺）

*著者の調査により作成。

3 難度についての比較と予想

2回実施された試行調査のうち，第1回試行調査では場面設定の説明や会話文が多くてなかなか本題に入らず，問題のページ数が40ページもあったことが影響したのか，平均得点率は51.3%にとどまりました。また，第2回試行調査では，場面設定・出題意図が伝わるような問題文と選択肢の関係がより適切となったことに加え，問題のページ数が34ページに減ったことなどによって平均得点率が上昇し，全科目中最高の61.5%でした。これは，平均得点率6割程度を目標としているセンター試験なみといえます。**共通テストの目標平均得点率は5割程度とされている**ので，本番の共通テストは第2回試行調査にくらべ難度が上がると予想されます。

地理Bの問題で難度を上げるとしたら，第1回試行調査のように場面設定をいかした大問の数を増やせば可能ですが，学力測定装置としての試験問題にとっては本質的な難度の上げ方とはいえないので考えにくいところです。また，場面設定をいかした大問において，センター試験よりも図表を増やすことによって難度を上げることも可能ですが，いたずらに神経をすり減らすことを受験生に求めるのはやはり本質的とはいえません。したがって，センター試験で用いられてきたような，受験生が通常の学習では触れることのほとんどない統計・資料を用いた設問において，学習内容の理解と豊富な暗記量にもとづく思考力と判断力を求める設問を増やすことによって対応すると予想されます。**試行調査やセンター試験の問題を分析して，どんな対策をすべきか考えましょう。**

試行調査問題と出題傾向分析

ここでは，設問を具体的にみていきます。センター試験などと比較しながら試行調査の傾向を探り，解法のヒントを見つけましょう。

*以下の試行調査，センター試験の問題の引用では，設問に直接には関係しない情報は除いてあります。

▶第 1 回試行調査（第 1 問 A ／問 3）

熱帯の気候と日本の自然災害に関する次の問いに答えよ。

次の図 1 を見て，また下の先生と生徒の会話文を読み，下の問いに答えよ。

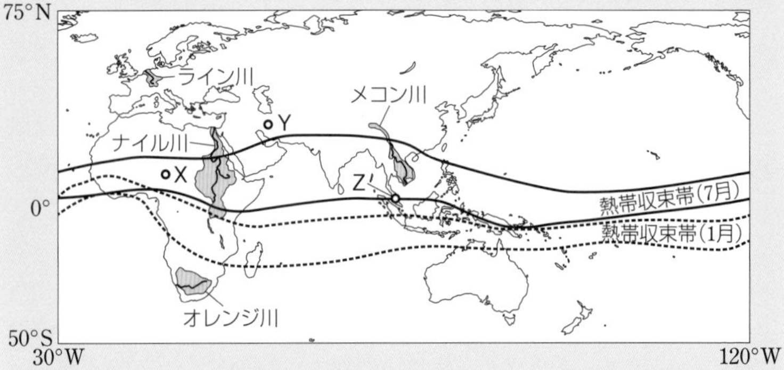

河川周辺に示された範囲は，当該河川の流域を示す。

吉良（1983）などにより作成。

図 1

先　生　「図 1 は熱帯収束帯が形成される範囲を示しています。熱帯収束帯では積乱雲が次々と発生していて，赤道低圧帯とも呼ばれます」

生　徒　「どうして熱帯収束帯では積乱雲が発生するのですか？」

先　生　「赤道付近では a南北からの風が収束していて，また太陽からのエネルギーを多く受けることから，激しい対流活動や上昇気流が生じているためです」

生　徒「赤道付近が熱帯雨林気候（Af）になるのは，熱帯収束帯の影響なのですね」

先　生「その通りです。熱帯雨林気候だけでなく，bその他の熱帯地域や周辺地域の気候も熱帯収束帯に影響を受けています」

次の表1中の①～④は図1中のオレンジ川，ナイル川，メコン川，ライン川のいずれかの河川の河口付近における年流出高*と，流量が最大になる月を示したものである。ナイル川に該当するものを，表1中の①～④のうちから一つ選べ。

*1年間の河川総流出量を流域面積で除し，水深に換算したもの。

表　1

	年流出高（mm）	流量が最大になる月
①	618	9　月
②	436	1　月
③	14	7　月
④	9	3　月

亜熱帯高圧帯に流域が襲われ，年中少雨

夏のモンスーンの影響で多雨

* *Global Runoff Data Centre, University of New Hampshire* の資料により作成。

▶2015年センター試験〔追試験〕（第1問／問3）

次の図1を見て，世界の自然環境に関する下の問いに答えよ。

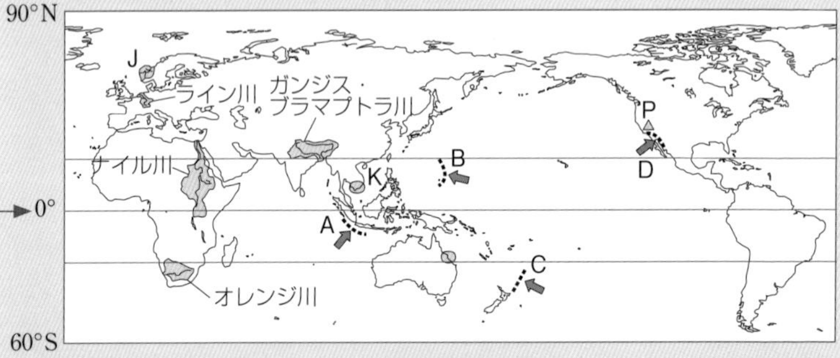

河川周辺に示された範囲は，当該下線の流域を示す。

図　1

次の表1中の①～④は，図1中のオレンジ川，ガンジス・ブラマプトラ川，ナイル川，ライン川のいずれかの河川の河口付近における年流出高*と流出が最大になる月を示したものである。ライン川に該当するものを，表1中の①～④のうちから一つ選べ。

*1年間の河川総流出量を流域面積で除し，水深に換算したもの。

表　1

	年流出高（mm）	流量が最大になる月
①	618	8　月
②	450	2　月
③	14	7　月
④	5	2　月

赤道と回帰線を引いてナイル川とオレンジ川の流域が年中少雨であることを意識できるようにしよう！

* *Global Runoff Data Centre, University of New Hampshire* の資料により作成。

解　説

両者ともに，同じ資料が用いられた設問である。第1回試行調査では，**熱帯収束帯《しゅうそくたい》**（**赤道低圧帯**）において「**激しい対流活動や上昇気流が生じている**」ことを会話文から読み取り，なおかつ，1月と7月の熱帯収束帯の位置が図1中に示された誘導などをもとに，4つの河川の年流出高と流量が最大になる月を示した表1からナイル川に該当する正答を選ぶことが求められている。一方，センター試験では会話文などの誘導がなく，図と表の情報のみにもとづいて4つの河川からライン川に該当する正解を選ぶことが求められている。

これらの設問では，熱帯収束帯の高緯度側に**亜熱帯《あねったい》高圧帯**が位置し熱帯収束帯の**南北移動とともに移動する**という知識をもとに，北半球のナイル川と南半球のオレンジ川の流域がそれぞれ年中少雨の乾燥気候であることを想起し，年流出高の多寡《たか》に注目して正答を導く。試行調査では正解を①・②，センター試験では③・④のいずれかに絞り込むことが求められている。試行調査では，ナイル川の源流部が**7月に熱帯収束帯の圏内となる**ことから③を正解とする。

一方，センター試験では，ガンジス・ブラマプトラ川の流域が**夏季のモンスーンの影響で流量が8月に最大となる**ことから①に該当するとして，残った②をライン川と決める。

正　解

試行調査　③

（① メコン川，② ライン川，③ ナイル川，④ オレンジ川）

センター試験　②

（① ガンジス・ブラマプトラ川，② ライン川，③ ナイル川，④ オレンジ川）

▶第1回試行調査 （第2問／問2）

次に，世界で主食となっている主な作物について，各班に分かれて調べた。次の図2中のカードA～Dは，各班が調べることにした課題である。

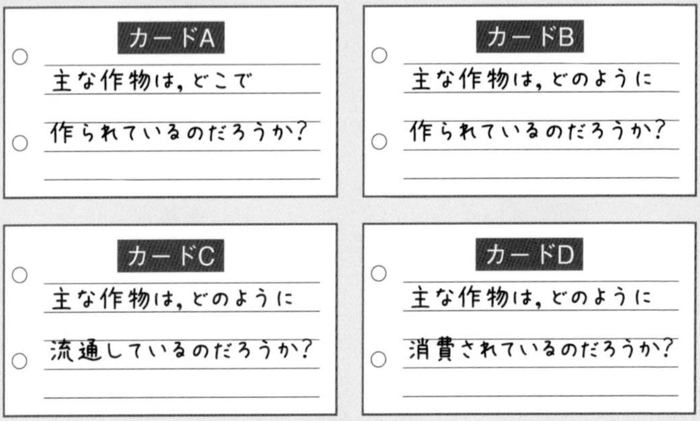
カードA
主な作物は，どこで
作られているのだろうか？
カードB
主な作物は，どのように
作られているのだろうか？
カードC
主な作物は，どのように
流通しているのだろうか？
カードD
主な作物は，どのように
消費されているのだろうか？

図　2

図2中のカードAを調べた班は，主な作物の生産国を調べ，グラフにまとめた。次ページの図3は，小麦，米，トウモロコシ，大豆について，上位5か国とそれらが世界に占める割合を示したものであり，図3中のP～Rは，アメリカ合衆国，中国*，ブラジルのいずれかである。P～Rと国名との正しい組合せを，次の①～⑥のうちから一つ選べ。

*台湾，ホンコン，マカオを含まない。

	P	Q	R
①	アメリカ合衆国	中　国	ブラジル
②	アメリカ合衆国	ブラジル	中　国
③	中　国	アメリカ合衆国	ブラジル
④	中　国	ブラジル	アメリカ合衆国
⑤	ブラジル	アメリカ合衆国	中　国
⑥	ブラジル	中　国	アメリカ合衆国

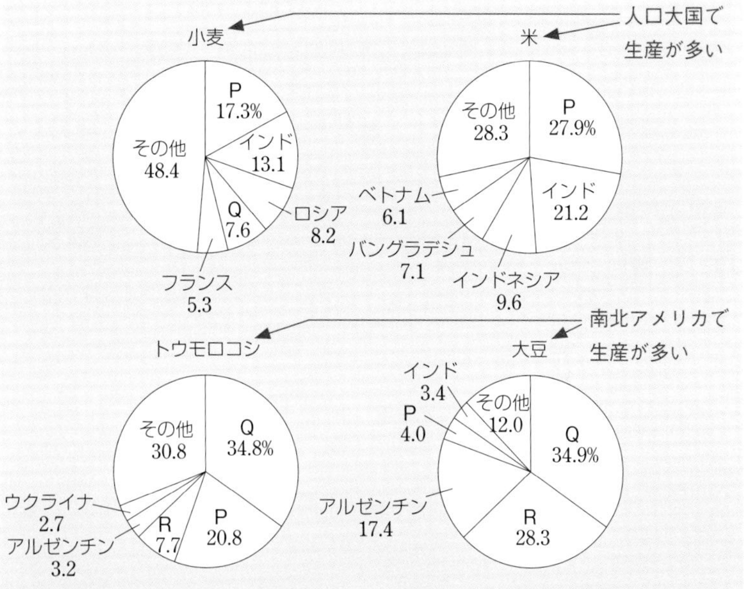

*統計年次は2014年。*FAOSTAT*により作成。

図 3

解　説

「なぜ世界で食料問題が起こっているのか？」をクラスで探究するという場面設定を用いた設問である。カードA「主な作物は，どこで作られているだろうか？」を調べたという授業での流れをいかした設問であるが，問われているのは小麦，米，トウモロコシ，大豆の生産上位国であるので，基本的な知識だけで解ける。

世界各地で主食とされる小麦や，**モンスーンアジアで主食とされる米**は，人口の多い国での生産が多い。よって，世界生産量に占める割合が高いPが「中国」である。一方，トウモロコシは，発展途上国では主食にもされるが，**先進国では飼《し》料《りょう》**として，または**アメリカ合衆国ではバイオエタノールの原料**としても用いられる。また，近年は除草剤や病害虫に耐性のある**遺伝子組み換え品種**の導入が進み，生産量世界1位の**アメリカ合衆国**のほかに**ブラジル**や**アルゼンチン**での生産も増えており，大豆とともに**南北アメリカの占める割合が高い**。よって，Qが「アメリカ合衆国」であり，残ったRが「ブラジル」である。

三大穀物の生産上位国などは，統計背景を理解したうえで暗記することが必要である。「人口が多いから生産量が多い」などの考え方が典型である。

正　解　③

▶第1回試行調査 (第2問／問5)

図2(➡ p.214)中のカードDを調べた班は，世界各国の飽食・飢《き》餓《が》と健康との関係について資料を集め探究を進めようと表3を作成した。表3中の**サ**～**ス**は，サウジアラビア，タイ，ボリビアのいずれかである。またこの班では表3中の6か国を,2か国ずつのX～Zの3グループに分類し，その考察した結果を表4にまとめた。**サ**～**ス**の国名として最も適当なものを，次ページの①～⑥のうちから一つ選べ。

表　3

国　　名	1人1日当たり食料供給熱量 (kcal)	太りすぎ人口の割合*（%）	5歳未満の子どもの死亡率（‰）
アメリカ合衆国	3,650	31.8	7
サ	3,063	35.2	15
ザンビア	1,911	4.2	64
シ	2,188	18.9	38
日　　本	2,695	4.5	3
ス	2,752	8.5	12

*体重（kg）を身長（m）の2乗で割って算出される値が25以上の状態。
統計年次は，1人1日当たり食料供給熱量は2009～2011年の平均値，太りすぎ人口の割合は2008年，5歳未満の子どもの死亡率は2015年。
世界銀行の資料などにより作成。

表　4

グループ	国　　名	考察した結果
X	アメリカ合衆国（　**サ**　）	ともに1人当たり食料供給熱量，太りすぎ人口の割合は高位である。両国とも世界有数の高所得国であり，**サ**は1970年代以降に急速にその経済的地位を上昇させた。

石油危機（1973年・1979年）産油国ではオイルブームと呼ばれる【サウジアラビア】

Y	ザンビア （　シ　）	ともに1人当たり食料供給量は低位で，5歳未満の子どもの死亡率は高位である。両国とも都市部への人口集中がみられ，シの都市住民の一部では食生活の欧米化がみられる。
Z	日　本 （　ス　）	ともに1人当たり食料供給量は中位であり，太りすぎ人口の割合は低位である。スでは屋台などの外食の割合が高い。

スペインによる植民地支配の影響【ボリビア】

	①	②	③	④	⑤	⑥
サウジアラビア	サ	サ	シ	シ	ス	ス
タ　イ	シ	ス	サ	ス	サ	シ
ボリビア	ス	シ	ス	サ	シ	サ

▶2015年センター試験〔本試験〕（第5問／問1）

人々の健康を取りまく状況は，生活習慣や医療制度など国により異なる。次の表1は，いくつかの国における20歳以上の人口に占める肥満*の人の割合，医療費に占める公的支出の割合，人口1,000人当たりの病床数を示したものであり，①～④は，アメリカ合衆国，アラブ首長国連邦，デンマーク，フィリピンのいずれかである。アラブ首長国連邦に該当するものを，表1中の①～④のうちから一つ選べ。

*体重［kg］を身長［m］の2乗で割って算出される値が30以上の状態。

表　1

	20歳以上の人口に占める肥満の人の割合［%］	医療費に占める公的支出の割合［%］	人口1,000人当たりの病床数［床］
①	33.7	74.4	1.9
②	31.8	45.9	3.0
③	16.2	85.2	3.5
④	6.4	33.3	0.5

アメリカ合衆国とアラブ首長国連邦はともに高い

アメリカ合衆国は先進国としては低い

*統計年次は，20歳以上の人口に占める肥満の人の割合が2008年，医療費に占める公的支出の割合が2011年，人口1,000人当たりの病床数が2008年または2009年。

*World Development Indicators*などにより作成。

★センター試験の過去問で出題された重要事項がそのまま問われている!!

解　説

第1回試行調査の「なぜ世界で食料問題が起こっているのか？」をクラスで探究する場面設定の大問中の**問5**では，飽食・飢餓と健康との関係について資料を集め表を作成したという設定である。

表3中のアメリカ合衆国，ザンビア，日本のそれぞれの国の1人1日当たり食料供給熱量（kcal)、太りすぎ人口の割合（%），5歳未満の子どもの死亡率（‰）のいずれかの指標と共通点のある国として，サウジアラビア，タイ，ボリビアがあげられ，これらの6か国を2か国ずつのグループに分類した表4では，グループごとの考察が示されている。表3のみで正答を選ぶためには，**西アジアの産油国では糖分摂取量・供給栄養熱量が多く肥満人口の割合が高い**こと，**後発の発展途上国では5歳未満の子どもの死亡率が高い**ことなどの知識が必要である。しかし，表4には考察した結果として表3から読み取れることが記述されているので，2つの表を読むことによって正解の②が選びやすくつくられている。

一方，2015年センター試験は，20歳以上の人口に占める肥満の人の割合（%），医療費に占める公的支出の割合（%），人口1,000人当たりの病床数の指標を示した表からアラブ首長国連邦を選ばせる設問である。西アジアの産油国であるアラブ首長国連邦とアメリカ合衆国では糖分摂取量が多く肥満人口の割合が高いという知識をもとに正解を①・②のどちらかに絞り込み，**アメリカ合衆国は国民皆《かい》保険がなく医療費に占める公的資金の割合が低い**という知識から②，残った①をアラブ首長国連邦と決める設問であり、難度が高い。

正　解

試行調査　②

センター試験　①（① アラブ首長国連邦，② アメリカ合衆国，
③ デンマーク，④ フィリピン）

▶第2回試行調査（第2問／問1）

資源・エネルギーの開発と工業の発展に関する次の模式図を見て，図中のⓐ～ⓕに関する下の問い（問1～6）に答えよ。

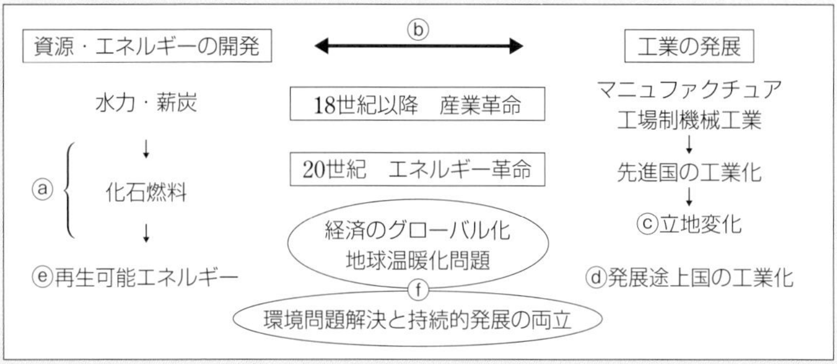

問1　ⓐに関して，次の表1は，世界のエネルギー資源の埋蔵量と，埋蔵量を年間生産量で除した可採年数を地域別に示したものであり，①～④は，アフリカ，北アメリカ（メキシコを含む），中・南アメリカ（メキシコを除く），西アジアのいずれかである。アフリカに該当するものを，表1中の①～④のうちから一つ選べ。

（埋蔵量）÷（可採年数）
＝年間生産量

表　1

	石油		天然ガス		石炭	
	埋蔵量（億バレル）	可採年数（年）	埋蔵量（兆 m^3）	可採年数（年）	埋蔵量（億トン）	可採年数（年）
①	8,077	70	79.1	120	12	752
②	3,301	126	8.2	46	140	141
③	2,261	31	10.8	11	2,587	335
欧州（ロシアを含む）・中央アジア	1,583	24	62.2	59	3,236	265
④	1,265	43	13.8	61	132	49
アジア（西アジアを除く）・太平洋	480	17	19.3	32	4,242	79

*統計年次は2017年。
BP Statistical Review of World Energy の資料などにより作成。

第2章
第9節

▶2011年センター試験〔本試験〕（第5問／問4）

地球的課題を解決する枠組みの一つとしてODA（政府開発援助）があり，その拠出《きょしゅつ》状況は国により異なる。次の表2は，ODA総額，GNI（国民総所得）に対するODA総額の比率，供与額が最大となる地域*を，拠出国別に示したものであり，①～④は，イタリア，オランダ，日本，フランスのいずれかの国である。オランダに該当するものを，表2中の①～④のうちから一つ選べ。

*OECDの地域区分によるもので，内訳は，サハラ以南のアフリカ，西アジアおよび北アフリカ，南・中央アジア，東・東南アジアおよびオセアニア，ヨーロッパ，ラテンアメリカおよびカリブ海諸国の6地域。

（ODA総額）÷（GNIにたいするODA総額）＝GNI

表　2

	ODA総額（億ドル）	GNIに対するODA総額の比率（%）	供与額が最大となる地域
①	109.6	0.39	サハラ以南のアフリカ
②	93.6	0.18	東・東南アジアおよびオセアニア
③	69.9	0.80	サハラ以南のアフリカ
④	44.4	0.20	西アジアおよび北アフリカ

*統計年次は，ODA総額とGNIに対するODA総額の比率が2008年，供与額が最大となる地域が2007～2008年。OECDの資料により作成。

日本のデータだとわかる

★生産量や人口，GNIの規模を考えることが重要!!

解　説

試行調査では，石油，天然ガス，石炭における埋蔵量《まいぞうりょう》と，埋蔵量を年間生産量で除した可採《かさい》年数が地域別に表2で示され，アフリカに関する考察が試された。受験生は，これらの化石燃料の可採年数を地域別にみることなどほぼないはずなので，戸惑ったかもしれない。しかし，「**埋蔵量を年間生産量で除した**」と設問文にあるので，「**埋蔵量÷可採年数**」で年間生産量が求められることに気がつけば，①は原油の生産量が多い**西アジア**，②は古期《こき》造山帯がほとんどなく石炭の生産量が少ない**中・南アメリカ**，③は原油と石炭の生産がともに多い**北アメリカ**と判定でき，残った④を**アフリカ**と決めることができる。

一方，センター試験では，ODA総額，GNI（国民総所得）に対するODA総額の比率，供《きょう》与《よ》額が最大となる地域が表2で示され，「オランダ」が問われた。ODAの供与額が最大となる地域は，**近隣の発展途上国や旧植民地など歴史的に関係の深い地域**であることが多く，表2では東・東南アジアおよびオセアニアが供与額で最大となっている②が「**日本**」である。残る3か国はいずれもヨーロッパに位置し，アフリカなど世界各地で植民地経営を行なってきた歴史があり，供与額が最大となる地域が似ているため判定が難しい。

しかし，ここで「**ODA総額÷GNIに対するODA総額の比率**」から各国のGNIが求められることに気がつけば，「**イタリア**」と「**フランス」は人口が6,000万人を超え**GNIも多いが，**人口の少ない**「オランダ」（約1,700万人）は③だと決められる。

正　解

試行調査　④
（① 西アジア，② 中・南アメリカ，③ 北アメリカ，④ アフリカ）

センター試験　③（① フランス，② 日本，③ オランダ，④ イタリア）

共通テスト対策の具体的な勉強法

1　センター試験の過去問を大問別（分野別）に解こう

ここまでみてきたように，共通テストはセンター試験を踏襲して出題されることが濃厚なので，その対策には，**豊富にあるセンター試験の過去問を利用する**ことが重要です。演習法は，**大問別（分野別）に進める**ことに尽きます。具体的には，大問1の「自然環境」，大問2の「産業」，大問3の「村落・都市」，「生活文化」大問5（2006～2015年まで）の「現代世界の諸課題」などを，それぞれまとめて数年分解いてみましょう。このような演習を重ねることにより，同じ内容の設問が年度をまたいで出題されていることに気づくでしょう。「この分野はこの内容が多く問われ，この方法で問われるのか！」とわかったらしめたもの，素直に喜びましょう。

過去問分野別演習例

2020～2006年の15年分をまずはターゲットとして，

- 先セット❶：2020～2013年（8年分×6問＝約48問）
- 後セット❷：2012～2006年（7年分×6問＝約42問）

2　共通テスト対策は演習が先！

地歴公民科の勉強は「覚えてから演習するものだ」と考えている受験生が多いのですが，すでに学習した内容でありながらノートや白地図に新たに整理し直す時間的余裕はありません。共通テスト対策としては先述の分野別過去問（試行調査・センター試験）の演習を先に済ませ，そこでよく出題されている内容を教科書や授業プリント，参考書などに戻って復習するようにしましょう。学習内容に穴ができると不安に感じるかもしれませんが，よく出題される単元を知らずに本番に臨むことのほうがより深刻です。**インプットだけでなく，アウトプットにも時間を使いましょう。**

MEMO

第10節

共通テスト
倫理，政治・経済の勉強法

――佐々木　洋一郎（河合塾講師）

教科書的な知識の習得が非常に重要です。それに加えて，与えられた初見の文章や資料からその場で必要な情報を読み取り，それをもとづいて思考・判断する力のような従来のセンター試験ではあまり重視されてこなかった力がこれまで以上に求められます。

はじめに

2021年1月，だれも受けたことのない新たなテストである共通テストが実施されます。この共通テストには「知識の理解の質を問う問題や，思考力・判断力・表現力を発揮して解くことが求められる問題を重視する」という全科目共通の指針があり，その指針のもとで作問される倫理，政治・経済の出題はセンター試験とはさまざまな点で異なったものになります。そのような大きな変化の中にあっては，新たなテストについての正確な情報をもっているか否かが重要となることはいうまでもないでしょう。

それでは，共通テストの倫理，政治・経済は，センター試験の倫理，政治・経済とはどのような点が異なり，どのような力が求められ，王道の勉強法はどのようなものとなるのでしょうか。ここから，受験生のみなさんがもつ，これらの疑問を解決していきたいと思います。

共通テストとセンター試験との共通点および相違点

1　形式による比較

共通テスト倫理，政治・経済は，センター試験の出題と同じ全問マーク式です。また，試験時間が60分，配点100点という点もセンター試験と同様です。出題形式は，従来のセンター試験と同様に複数の選択肢（たとえば，選択肢①～④）の中から1つを選ぶという正誤選択が中心となっています。

このように，共通テストとセンター試験は，形式の上では共通点が多いのです。しかし，共通テストはセンター試験にはなかった新たな形式の出題も予定されており，この点が形式面での大きな相違点となるでしょう。では，それはいったいどのような出題形式なのでしょうか。

それは，「**当てはまる選択肢をすべて選択する問題**」と「**解答が前問の解答と連動し，正解の組合せが複数できる問題**」です。

「当てはまる選択肢をすべて選択する問題」は，**正解を過不足なく選ぶ必要があり，消去法では正解にたどり着けない**ため問われている事柄についての正確な知識や理解が求められる形式です。

「解答が前問の解答と連動し，正解の組合せが複数できる問題」は，少々わかりにくいかもしれません。たとえば，問1で選択肢①を選んだ場合は次の問2の正解が選択肢②となり，問1で選択肢③を選んだ場合は次の問2の正解が選択肢④となるというように，**前の設問の正解によって後ろの問題の正解が変わる**ような形式です。これらの出題形式は全体の一部にとどまるでしょうが，「そのような形式もありうる」という点は知っておくとよいでしょう。

センター試験の倫理，政治・経済は，単独科目である倫理と政治・経済のそれぞれから一定数の設問がピックアップされ，それらの組合せによって出題されてきました。では，共通テストではどうなるのでしょうか。

共通テストを作成する大学入試センターは，現時点では「『倫理，政治・経済』は，倫理と政治・経済を総合した出題範囲とする」としか発表していませんが，作問の労力を考慮すると，単独科目の倫理と政治・経済とはまったく別の独自問題を出すとは考えにくいため，従来と同じく単独科目の倫理と政治・経済から共通問題が出ると予想できます。

2　特徴的な「数字」による比較

2019年センター試験の倫理，政治・経済の設問数（小問数）は36問であり，単独科目の倫理の設問数は36問，政治・経済の設問数は34問でした（センター試験の設問数も例年このくらいでした）。

これにたいして，共通テスト本番を想定した第2回試行調査・倫理の設問数は29問，政治・経済の設問数は30問となっており，見た目ではセンター試験よりも設問数が減少しています。この結果から，2回の試行調査では倫理と政治・経済を組み合わせた倫理，政治・経済の出題がなかったのですが，**本番ではセンター試験よりも設問数が減少する可能性がある**といえそうです（その主たる理由はのちにくわしく解説します）。

また，センター試験時代にくらべて設問数が減少するということは，**1問の重みが増す**ことになります。センター試験の倫理，政治・経済では，1問の配点は2点もしくは3点でした。一方，第2回試行調査では，倫理も政治・経済も1問につき4点という配点の設問が多数出題されました。

共通テストは，ズバリこうなる！

センター試験の倫理，政治・経済では，倫理と政治・経済の教科書的な知識のみで解答可能な設問（解答にあまり時間を要しない知識問題）が中心でした。先哲《せんてつ》の文献を読んで解答する問題や，データを読み取って解答する設問のように，その場で思考・判断しなければならない設問も例年いくつか出題されてはきましたが，それらは出題全体の一部にすぎません。これにたいして，「知識の理解の質を問う問題や，思考力・判断力・表現力を発揮して解くことが求められる問題を重視する」指針の共通テストでは，倫理，政治・経済の出題内容はどうなるのでしょうか。以下，共通テスト本番を想定した第2回試行調査の問題をもとに予想していきましょう（なお，第1回試行調査では倫理と政治・経済は出題されませんでした）。

両科目に共通するとくに重要なポイントは，次のページの6つです。

❶　学習の過程を意識した問題の場面設定を重視
❷　教科書的な知識のみで解答可能な設問は大幅に減少
❸　初見の文章や資料を読み解いて解答する設問が多数出題
❹　文章の文脈や内容から正答を選ばせる空欄補充問題が多数出題
❺　事象の深い理解を試す設問が多数出題
❻　1問を解くために処理しなければならない情報量が増加

1　学習の過程を意識した問題の場面設定を重視（＝❶）

たとえば倫理では，「生徒どうしの会話」や「課題探求の成果発表の原稿」など，政治·経済では「生徒が持ち寄った資料を考察する場面」や「生徒が冬休みの課題として取り組んだテーマの一覧」などの場面設定がそれぞれなされ，**さまざまな場面や課題を多面的・多角的に考察することが求められています。**センター試験の倫理，政治·経済では，大問ごとの冒頭のリード文（本文）で会話文が1つ，または2つ採用される程度でしたから，この差は大きな相違点といえます。

2　教科書的な知識のみで解答可能な設問は大幅に減少（＝❷）

第2回試行調査では，センター試験時代に頻出していた**単純な知識問題の出題が激減**しました（ちなみに，政治·経済の試行調査問題は，倫理にくらべると旧来型の単純な知識問題が若干多めでした）。共通テスト本番でも単純な知識問題は出るでしょうが，その割合はセンター試験とは大きく異なるでしょう。

3　初見の文章や資料を読み解いて解答する設問が多数出題（＝❸）

倫理では先哲の原典資料を読んで解答する設問や写真や絵画などの資料を手がかりに解答する設問などが出題され，また，政治・経済ではさまざまなデータをもとに考察し解答する設問などが出題されました。これらは初見の文章や資料などを読んで解答する設問であり，**解くのに必要な情報をその場で集め，場合によっては複数の情報を組み合せたり比較したりして思考や判断しなければ正解できない**ため，「思考力・判断力・表現力を発揮して解く」という共通テストの指針を反映した出題になっています。

ただし，そのような出題は，センター試験の倫理，政治・経済で何度か出題されていた**知識不要の単純な読解問題とは少し傾向が異なります**。たしかに，センター試験時代のように国語的な読解力だけで解けてしまう問題も一部にはあったものの，第2回試行調査で出題されたのは，初見の文章や資料を読み取った結果をふまえ倫理と政治・経済の**教科書的な知識を活用して解く設問＝読解力と教科書的な知識の両方を必要とする設問**が多数でした。

4　文章の文脈や内容から正答を選ばせる空欄補充問題が多数出題（＝❹）

倫理と政治・経済ともに，会話文やレポートなどの文中に空欄が設定され，空欄前後の文脈や内容から適切な正解を選ばせる**空欄補充問題が多数出題**されました。それらの出題では，空欄前後の文章の内容や文脈を正確に把握したうえで思考・判断する力や，論理的な文章を構成する力が求められています。ただし，それらの力だけで解答可能な読解問題ばかりではなく，**教科書的な知識もなければ解答できない設問が増えた**という点を強調しておきます。空欄補充問題はセンター試験でも一定程度出題されてきましたが，共通テストでは大幅に増えるでしょう。

5　事象の深い理解を試す設問が多数出題（＝❺）

「知識の理解の質を問う」という共通テストの指針を反映して，**たんなる用語の暗記では正解できない，事象の深い理解を問う出題**が目立ちました。具体的には，倫理では，「天国」「空《くう》」「非《ひ》攻《こう》」「梵《ぼん》我《が》一《いち》如《にょ》」についての思想の特色や背景などの相互の関連性について考察させる設問や，「善《よ》い」や「真《しん》である」などの抽象的な概念を吟味させる設問が出題されました。また，政治・経済では，「形式的平等」と「実質的平等」にかかわる文章から具体的な取り組みを解答させる設問や，「集団的自衛権」と「個別的自衛権」の意味内容にかかわる記述から正解を選ばせる設問のように，概念や理論についての理解を問う出題でした。たんに用語を暗記するのではなく，知識の理解の質が問われているといえるでしょう。

6　1問を解くために処理しなければならない情報量が増加（＝❻）

1問を解くために処理しなければならない**情報量・解答時間・労力が激増**しました。先述の「共通テストとセンター試験との共通点および相違点／2　特徴的な『数字』による比較」で触れた「設問数が減少する主たる理由」はまさにここにあり，1問あたりの情報量の増加が，センター試験と比較したときの設問数の減少をもたらしたのです。実際，第2回試行調査では，先述のように2019年センター試験とくらべて設問数が減少していながら，倫理では問題冊子のページ数が35ページから38ページ，政治・経済では28ページから42ページにそれぞれ増加していてより**高度な情報処理能力**が要求されています。

7　そのほかのポイント

❶〜❻以外のポイントもあります。以下，あげてみましょう。

- 倫理と政治・経済ともにセンター試験のような大問ごとの冒頭のリード文（本文）がなくなり，それにともなって，センター試験の倫理に特徴的な出題であった，リード文（本文）を読ませてその趣旨・内容と合致するものを選ばせる設問が消滅した
- 倫理では，新たな出題形式の問題である「当てはまる選択肢をすべて選択する問題」が1問，「解答が前問の解答と連動し，正解の組合せが複数できる問題」が2問出題されたが，政治・経済での出題はなかった
- 政治・経済では，たとえば核兵器禁止条約や参議院の合《ごう》区《く》にかんする設問のように「**時事的な知識を試す問題**」が出題された。また，EUにかかわる出来事を古い順から並べる問題のように「**出来事の時系列を尋ねる問題**」も複数出題された

共通テストで必要とされる力

第２回試行調査の出題傾向を分析し，共通テストとセンター試験の共通点・相違点を確認する過程で共通テストで試されるいくつかの力が明らかになってきました。以下，まとめます。それぞれ，「共通テストは，ズバリこうなる！」であげたポイントに対応しています。

- 教科書的な知識：❷〜❺からも明らかなように，教科書的な知識は共通テストでも依然として必要である。教科書的な知識がなければ「思考力・判断力・表現力」を十分に発揮することはできず，納得のいく点数を獲得することは難しい。ただし，❺で強調されているように，教科書的な知識が必要ではあってもたんなる**用語の丸暗記が求められているわけではなく，事象の深い理解が求められている**という点を忘れてはならない
- 事象を多面的にとらえ，多角的な観点から考察する力：❶に対応
- 与えられた初見の文章や資料からその場で必要な情報を読み取り，それをもとに思考・判断する力：❸に対応
- 問題文の文脈や内容を正確に把握したうえで思考・判断する力，および，論理的な文章を構成する力：❹に対応
- 与えられた情報をスピーディーに処理する力：１問あたりの情報量がセンター試験よりも多くなる共通テストには不可欠。❻に対応

共通テスト対策の具体的な勉強法

以上の点をふまえたうえで，共通テスト倫理，政治・経済で高得点をとるために必要な**王道の勉強法**を確認していきましょう。

1　教科書的な知識を正確に，ていねいに習得しよう

何よりもまず，倫理と政治・経済の教科書的な知識を正確に習得す

るよう努めましょう。教科書や参考書の学習を進めていくときには，太字や赤字で強調されている用語のみをおさえるのではなく，**本文に記述されている内容全体をていねいにおさえる**ことが重要です。本文を1度や2度読むだけで必要な知識を十分に習得することなどもちろん不可能なので，何度も教材を反復するなかで基礎的事項を着実に固めていきましょう。

そして，学習を進めていくときにとくに意識をしてもらいたいのが，**事象の意味や内容の理解に重点をおく**ことです。先述のように，共通テストでは，倫理や政治・経済で扱う事象の意味や内容の理解の質が問われます。**説明文から用語を答える力だけでなく，用語から意味内容を説明できる力が大切**であるといえるでしょう。たとえば，「すべての個人を法的に等しく取り扱い，その自由な活動を保障することを○○的平等という」という問いにたいして「形式」と単語的に答える力だけでなく，「形式的平等とはどのような平等か」という問いに答えられるような力です。「**この用語の意味や内容を説明できるか？」と自問自答する**姿勢をつねに忘れず学習を進めてください。

2 用語集と資料集を活用しよう

事象の意味や内容を正確におさえるためには，倫理と政治・経済の**用語集と資料集を活用する**ことも重要です。知らない事柄やあいまいにしか理解していない事柄と出合ったときにはすぐに用語集で調べ，正確に理解するよう努めてください。後回しにすると結局調べないまま放置しがちなので，「**すぐに**」という点がポイントです。

用語集で特定の用語を調べる場合には，その**用語の前後に記載されている用語もあわせて確認すると，知識に厚みが出てきます**。たいていの場合，前後の用語は調べた用語と深いかかわりがある事柄だからです。

教科書や参考書の学習にあわせて資料集も活用しましょう。図や写真など深い理解を助けてくれる情報がたくさん記載されているからです。教科書や参考書を使うときには同時に資料集も開き，**学習している事象に対応する図や写真を適宜参照していく**ことをお勧めします。

3　共通テストに対応した問題の演習を重ねよう

獲得した知識は，使えなければ意味がありません。知識をインプットするだけでは不十分であり，**問題演習でアウトプットを重ねることによって得点力が伸び**，初見の文章や資料などを処理する速度も上がります。共通テスト対応型の問題集や各予備校が実施する模試などを通じて，実践演習の機会を可能なかぎり増やしていってください。

4　可能なかぎり早い段階で倫理と政治・経済の第２回試行調査を解いてみよう

第2回試行調査の倫理と政治・経済を解き，「共通テストで何が求められているか」を**実際に肌で感じとってください**。「まずは教科書的な知識の学習を完璧にしてから解こう」と考えている人もいるかもしれませんが，実際に解いてみると，「どんな出題なのか，イメージはしていたけれど，実際はこうなのか……」とさまざまな気づきがあり，取り組むのが早ければ早いほどアドバンテージが得られます。解くときには「**何点取れたか**」ではなく「**自分には何が足りないか**」**を気にかけ**，その気づきを学習にいかしてください。試行調査の演習は，たんに自分の実力を測るためではなく本番に向けた対策のためです。

5　現代社会の試行調査も解いてみよう

現代社会の試行調査（2回分）を解くことも、倫理と政治・経済の対策に有効です。現代社会の試行調査は，倫理や政治･経済と同様に「知識の理解の質を問う問題や，思考力・判断力・表現力を発揮して解くことが求められる問題を重視する」出題が中心であるだけでなく，**解答するさいに求められる知識も倫理や政治・経済とかなりの程度重複**します。大学入試センターが提供する数少ないサンプルなので，活用しない手はないでしょう。

6　センター試験の過去問も解き進めよう

新たな知識を獲得したり知識の理解の質を高めたりすることは，**センター試験の過去問演習**によっても可能です。センター試験ではこれまで、共通テストで重視される「知識の理解の質を問う問題」や，「思考力・判断力・表現力を活用して解く問題」も一定程度出題されています。試行調査の出題を見るかぎり，共通テストでも，従来のセンター試験と似たタイプの出題（旧来型の単純な知識問題の出題）が一定程度引き継がれると予想されます。

問題を解くさいには，正解の選択肢の解説はもちろんのこと，**「不正解の選択肢がなぜ誤りなのか」を必ず確認してください**。誤りの理由をおさえていくことによって知識の理解の質が高まります。

7　授業に真剣に取り組もう

当たり前のことかもしれませんが，もし倫理や政治・経済の授業が受けられる環境にあれば，学校や予備校・塾の日々の授業をまじめに受けることが大切です。授業は「思考力・判断力・表現力」を鍛える格好の場です。もし高校で，探求型授業のように**主体的な問題設定や情報分析・発表を行なう機会**があるならば，全力で取り組んでください。そのような実践を通じて思考力・判断力・表現力が伸びます。

8　新聞やニュース番組を活用しよう

新聞やニュース番組は，倫理，政治・経済学習のよい教材です。

新聞やニュース番組には，たとえば「キリスト教」や「GDP」など，倫理，政治・経済で学習した事柄がたくさん出てきます。そのような用語が目にとまったら，ぜひ**「自分はそれを説明できるか？」と問いかけてみてください**。何も見ずに説明できたならば深く理解できているといえるでしょう。もしうまく説明できないならば，教科書や用語集を開いて確認し，あいまいにしか理解していない事柄を残さないよう努めてください。

また，取り上げられている出来事を「この出来事についてどう思うか」「この出来事のポイントは何か」などの観点から分析し，それを実際に**文章としてまとめてみてください**。文章を書くという行為を通じて，表現力はもちろんのこと，思考力と判断力も高まっていきます。はじめからハードルを高めに設定する必要はありません。完璧な文章をつくろうとせず，まずは30字程度で自分の考えを書き出してみてください。

そして，文章を書くときにぜひとも取り組んでほしいのが，**授業や教科書で学んだ事柄を文章の中に入れる**ことです。知識は，学んだ事柄を活用することによって定着していくものです。

9　主張の根拠を考える練習をしよう

判断が分かれるような社会的な課題をさまざまな立場から分析することも，「思考力・判断力・表現力」を高めるために有効です。**さまざまな論点にたいして「賛成」「反対」の両方の立場になる練習をしてみてください**。その場合には，「賛成である，なぜなら……」「反対である，なぜなら……」というように，それぞれの主張が立脚する**根拠を示せる**ことが重要です。たとえば，「死刑制度に賛成か反対か。賛成ならば〇〇の，反対ならば△△の理由づけができる」というように，自分の信条はいったんおき，理由を考えてみましょう。

10　早めの対策を心がけよう

最後に，倫理，政治・経済の勉強は**早い時期から本格的に始める必要がある**という点を強調しておきます。

倫理，政治・経済は，多くの受験生にとって共通テストのみで使用する科目であり，国公立大の 2 次試験で使用する人は少ないことから，対策が後回しになりがちです。共通テスト直前になって焦る受験生も多いでしょう。しかし，忘れてはならないのは，**倫理，政治・経済は教科書 2 冊分の量であり，扱う知識量はけっして少なくない**，という点です。早い時期から入念に対策した人のほうがそうでない人よりも本番での点数が高くなる傾向があるのはもちろんのこと，直前まで手をつけずにいると問題演習にかける時間を十分に確保できなくなります。「直前にやろう」という考えを改め，対策のための時間を早めに確保して計画的に学習を進めていってください。

ここまでの内容を参考にして，1 人でも多くの受験生が共通テストで高得点を獲得し，合格という栄冠を勝ち取ることを心から祈っています。

MEMO

第11節

共通テスト 国語［現代文］の勉強法

——安達 雄大（河合塾講師）

共通テスト現代文には、「変わるところ」と「変わらないところ」があります。新傾向だけを追うのではなく、従来の現代文をちゃんと見据えましょう。

はじめに

共通テスト「国語［現代文］」（以下、現代文）が、従来の現代文にはない**新傾向**をもっているのはたしかです。しかし、現代文であるかぎり、従来要求され続けてきた「**変わらない現代文**」がその底流にあるのもたしかです。そこを見誤ると、共通テスト現代文の見かけ上の新しさに振り回されてしまいます。というわけで、「何が変わるのか」と同時に「**何が変わらないのか（じつは問われ続けていたものなのか）**」をみなさんに知ってもらうことが、ここでの僕の第一のねらいです。

もうひとつ。

これを読んでいただいている皆さんの中には、「共通テストの現代文をどう攻略したらいいの？」と考える以前に、「**そもそも現代文って何をやればいいの？**」という疑問文のところで止まっている人もいると思います。そういう人に「**現代文そのもの**」の**勉強**の**イメージ**を作ってもらうことが、僕の第二のねらいです。

本題に入る前に、この節全体の運びを説明しておきます。

まず前半で、従来の現代文とのちがいをふまえながら新傾向について説明します。それにつづいて、後半で共通テストで必要とされる学力を**「読む」「解く」「知る（覚える）」**の3つの観点から具体的に示し、効果的な**学習法**や**学習ツール**についてのアドバイスをします。

共通テストとセンター試験の共通点および相違点

1 予備的な確認……「読むこと」と「解くこと」の関係について

現代文のすべての問題は、次の1文から始まります。どの問題にも必ずついているので、みなさんはその存在をもはや意識しなくなっているのではないでしょうか。

> 以下の文章を読んで、後の問に答えよ。

当たり前のようで意外に意識されていない事実を指摘しておくと、じつはこれ、**2つの「課題」**から構成されているのです。この命令文は、「以下の文章を読め」といっているだけではないのです。その「読め」の先に順接の接続詞をはさんで、「問に答えよ」が続きます。文章が読めた先には、そこでとらえた情報を用いて**設問の要求に応じるというもう1つの課題**があるのです。

でも、みなさんは「問題が解けない」ということの原因を「読解力不足」だけに求めてしまいがちです。現代文のあらゆる課題を「読めたかどうか」に帰してしまうそうした態度を、僕は「**本文至上主義**」とよんでいます。本文至上主義を前提とした場合、現代文の勉強法は以下のようにとらえられてしまいます。

❶ 高得点の条件は、まず何よりも「本文が読めること」である
❷ （裏返せば）問題に正解できなかった原因は「読めていない」のひと言につきる
❸ 現代文のおもな対策は、「多くの文章を読むこと」である

本文至上主義の決定的な**問題点**は、読めただけで万事OKとしてしまい、「本文にあった**数々の情報のうちど**れが答えになるかを**設問ごとに選択する**」という、正解を出すために決定的に重要な意識が欠落することです。

本文がちゃんと読めているということは、正解するための条件の一つにすぎません。その読めた本文の情報のうち、どこにあるどの情報をどのように解答に組み込めば正解になるかは、本文にではなく、設問に書かれています。それなのに、みなさんは「本文が読めたかどうか」ばかりを意識していて、「設問を正しく分析できたかどうか」を視野に入れていません。その結果、**「本文とは合致しているが設問の要求とはかかわりのない情報」を答えにしてしまう**のです。ようするに、「読めた」が「宝の持ち腐れ」になるんです。

「本文の読解」に直接還元できない「設問に応じる」という課題の存在……これは、センター試験をはじめとする従来の現代文においても、重要でありながらあまり意識されてこなかったように思います。

2 従来の現代文における「本文」の概念が変質します

さて、共通テストに話を戻しましょう。

共通テストでは、「**本文至上主義**」的な**かまえ方の効力が弱まります**。なぜなら、共通テストでは**従来の「本文」の定義が揺らぐ**からです。この揺らぎは、「従来なかったような要素が本文に盛り込まれる」という程度の変化ではありません。もっと根本的な、**僕らの本文にたいする態度に変更を迫るような変化**です。

従来の現代文における本文の特徴を簡単にいえば……

❶「1人の人間」によって書かれた文章である
❷（原則として）「文字情報」の集合体である
❸文章は「1つの主張」へと収束していく（とくに、評論・随筆において）

……ということが前提でした。そして、先ほど取り上げた本文至上主義がそれなりに有効なのは、ほとんどの入試において本文が右のような条件にしっかり従ったかたちで出題されつづけているからです。

ところが、**共通テストの本文はこうした従来の特徴を逸脱します。**2つに分けて指摘します。

まず、**「文章」が複数化**します。同一の問題の中で筆者が異なるということは、当然ながら、語り方や言葉づかいも異なる複数の文章が並んでいることを意味します。

文章が複数になったということが何を生むか。それは「読む相手の数の増加」にとどまりません。試行調査を解いてみるとわかるのですが、**片方の文章にある傍線部の答えをもう片方の文章中から拾い出して答える設問**が出ています。また、**2つの文章の共通点や相違点**を答える設問もあります。

そしてもう一つ、本文に**複数の「資料」**が付随します。次のページにある第2回試行調査の例をご覧ください。

次の【資料Ⅰ】は、【資料Ⅱ】と【文章】を参考に作成しているポスターである。【資料Ⅱ】は著作権法（二〇一六年改正）の条文の一部であり、【文章】は名和《なわ》小太郎《こたろう》の『著作権2.0 ウェブ時代の文化発展をめざして』（二〇一〇年）の一部である。これらを読んで、後の問い（問1〜6）に答えよ。なお、設問の都合で【文章】の本文の段落に1〜18の番号を付し、表記を一部改めている。

著作権のイロハ

著作物とは（「著作権法」第二条の一より）

☑「思想または感情」を表現したもの
☑ 思想または感情を「創作的」に表現したもの
☑ 思想または感情を「表現」したもの
☑「文芸、学術、美術、音楽の範囲」に属するもの

著作物の例

言語
・小説
・脚本
・講演　等

音楽
・楽曲
・楽曲を伴う歌詞　等

舞踏・無言劇
・ダンス
・日本舞踊
・振り付け　等

美術
・絵画
・版画
・彫刻　等

地図・図形
・学術的な図面
・図表
・立体図　等

著作権の例外規定（権利者の了解を得ずに著作物を利用できる）

〈例〉市民楽団が市民ホールで行う演奏会

【例外となるための条件】

a

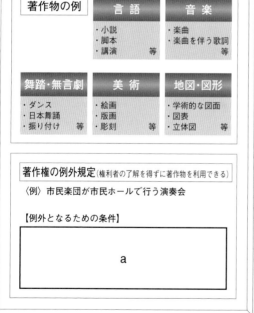

【資料Ⅱ】

「著作権法」（抄）

（目的）

第一条　この法律は、著作物並びに実演、レコード、放送及び有線放送に関し著作者の権利及びこれに隣接する権利を定め、これらの文化的所産の公正な利用に留意しつつ、著作者等の権利の保護を図り、もつて文化の発展に寄与することを目的とする。

（定義）

第二条　この法律において、次の各号に掲げる用語の意義は、当該各号に定めるところによる。

一　著作物　思想又は感情を創作的に表現したものであつて、文芸、学術、美術又は音楽の範囲に属するものをいう。

二　著作者　著作物を創作する者をいう。

三　実演　著作物を、演劇的に演じ、舞い、演奏し、歌い、口演し、朗詠し、又はその他の方法により演ずること（これらに類する行為で、著作物を演じないが芸能的な性質を有するものを含む。）をいう。

（技術の開発又は実用化のための試験の用に供するための利用）

第三十条の四　公表された著作物は、著作物の録音、録画その他の利用に係る技術の開発又は実用化のための試験の用に供する場合には、その必要と認められる限度において、利用することができる。

（営利を目的としない上演等）

第三十八条　公表された著作物は、営利を目的とせず、かつ、聴衆又は観衆から料金（いずれの名義をもつてするかを問わず、著作物の提供又は提示につき受ける対価をいう。以下この条において同じ。）を受けない場合には、公に上演し、演奏し、上映し、又は口述することができる。ただし、当該上演、演奏、上映又は口述について実演家又は口述を行う者に対し報酬が支払われる場合は、この限りでない。

（時事の事件の報道のための利用）

第四十一条　写真、映画、放送その他の方法によつて時事の事件を報道する場合には、当該事件を構成し、又は当該事件の過程において見られ、若しくは聞かれる著作物は、報道の目的上正当な範囲内において、複製し、及び当該事件の報道に伴つて利用することができる。

【文章】

キーワード	排除されるもの
思想または感情	外界にあるもの（事実、法則など）
創作的	ありふれたもの
表現	発見、着想
文芸、学術、美術、音楽の範囲	実用のもの

表1　著作物の定義

1 著作者は最初の作品を何らかの実体——記録メディア——に載せて発表する。その実体は紙であったり、カンバスであったり、空気振動であったり、光ディスクであったりする。この最初の作品をそれが載せられた実体とともに「原作品」——オリジナル——と呼ぶ。

2 著作権法は、じつは、この原作品のなかに存在するエッセンスを引き出して「著作物」と定義していることになる。そのエッセンスとは何か。A記録メディアから剝がされた記号列になる。著作権が対象とするものは原作品ではなく、この記号列としての著作物である。

3 論理的には、著作権法のコントロール対象は著作物である。しかし、そのコントロールは著作物という概念を介して物理的な実体——複製物など——へと及ぶのである。現実の作品は、物理的には、あるいは消失し、あるいは拡散してしまう。だが著作権法は、著作物を頑丈な概念として扱う。〔以下、省略〕

本文が資料によって取り囲まれています。ひと言で「資料」といっても、「**写真**」「**図表**」「**規約文**」（国や組織のルールを**条文の箇条書き**でまとめたもの）と、種類はさまざまです。

こうなると、センター試験とは異なり、ただ「文字」を追っていけばよいのではなく、**文字と資料とを相互に結びつけながら理解する**ことが必然的に要求されます。設問によっては、それらの**資料自体の意味を問う**ものも出ています。「資料を視野に入れながら本文を読む」どころか、反対に「本文の筆者の主張にもとづいて資料の意味を説明する」という出題なのです。

3 「解くこと」の重要性が増大します

「本文」におけるこのような変化は何を意味するのでしょうか。結論からいうと、「**読める**」**という課題に還元できない**「**設問に応じる**」**という課題の重要性がいよいよ増す**ということになります。先ほどの2つの特徴に即して説明します。

まず、「**文章の複数化**」について。本文にあたる文章が複数存在し、その複数の文章の「交点」を探りあてて解答にもっていくことが要求されますが、文章どうしをどのような観点で結びつけるのかを示すのは、文章自体ではなく「設問」です。傍線や空欄が設けられている箇所、そこをきっかけとして立てられている設問文（疑問文）。これらによって構成される「**設問の要求**」が複数の文章のリンクポイントを示唆しており、その示唆に従ってはじめて「**複数文章**」の交点が明確になるんです。

先の第2回試行調査の問題に散りばめられている「資料」群についてはどうでしょうか。じつは、事態は複数文章の場合と同じで、たとえばどの「写真」がどのように解答に結びつくのか、どの「図表」のどの項目が大事なのか、「規約文」のどの条文が大事なのかは「設問」で要求されてはじめて決まるのです。さらにいえば、どの設問でも要求されないがゆえに**結果として解答に使わない写真や項目や条文も存在します**。あくまで

も解答に必要だからこそ見るべき「資料」ですから、どの設問でも材料にならなかった写真や項目や条文は見る必要がないのです。

「本文読解」に還元できない「設問分析」の重要性。これは、強調しすぎてもしきれません。

4 「文芸作品」の範囲が拡大します

センター試験では、「文芸作品」といえば「小説」（第2問）だけでした。しかし、それも変わります。

次の第2回試行調査の例をご覧ください。センター試験の大問配置をベースに考えれば小説がくるはずのところに「詩」が登場しています。それも「**不定形の自由詩**」です。

それだけではありません。その詩が文学的な色調の強い「**エッセイ（随筆）**」とセットになって、「**複数文章**」型の問題になっているのです。

▼第2回試行調査（第3問）

次の詩「紙」（『オンディーヌ』、一九七二年）とエッセイ「永遠の百合《ゆり》」（『花を食べる』、一九七七年）を読んで（ともに作者は吉原《よしはら》幸《さち》子《こ》）、後の問い（**問1〜6**）に答えよ。なお、設問の都合でエッセイの本文の段落に1〜8の番号を付し、表記を一部改めている。

紙

愛ののこした紙片が
しらじらしく　ありつづけることを
(ア)いぶかる
書いた　ひとりの肉体の
重さも　ぬくみも　体臭も
いまはないのに

こんなにも
もえやすく　いのちをもたぬ
たった一枚の黄ばんだ紙が
こころより長もちすることの　不思議
いのち　といふ不遜
A一枚の紙よりほろびやすいものが
何百枚の紙に　書きしるす　不遜〔以下、省略〕

永遠の百合

1 あまり生産的とはいえない、さまざまの優雅な(イ)手すさびにひたれることは、女性の一つの美点でもあり、(何百年もの涙とひきかえの)特権であるのかもしれない。近ごろはアート・フラワーという分野も颯爽《さっそう》とそれに加わった。

2 去年の夏、私はある古い友だちに、そのような〝匂わない〟百合の花束をもらった。「秋になったら捨てて頂戴ね」という言葉を添えて。

3 私はびっくりし、そして考えた。これは謙虚か、傲慢か、ただのキザなのか。そんなに百合そっくりのつもりなのか、そうでないことを恥じているのか。人間が自然を真似《まね》る時、決して自然を超える自信がないのなら、いったいこの花たちは何なのだろう。心こめてにせものを造る人たちの、ほんものにかなわないという(ウ)いじらしさと、生理まで似せるつもりの思い上がりと。〔以下、省略〕

これは何を意味するのでしょうか。まず確かなのは、**小説の出題率が100％ではなくなる**、ということです。これまでは毎年必ずセンター試験の第2問に鎮座していた小説が出るとはかぎらなくなります。しかし、その代わりが詩やエッセイであることを考えると、センター試験までは小説にかぎられていた**文芸作品の範囲に制限がなくなった**ということもできます。また、2回の試行調査でこそ出題されなかったものの、**「短歌・俳句」が出てくる可能性も考えたほうがよい**でしょう。

5 「内容」だけではなく、その内容の「表現の仕方」も問われます

これについては、先の第2回試行調査、文章につく設問から1問を例として引きます。

▼第2回試行調査（第3問／問6）

(ii) エッセイ「永遠の百合」の**表現に関する説明**として最も適当なものを、次の①～④のうちから一つ選べ。

① 第4段落における「たった一つできないのは枯れることだ。そしてまた、たった一つできるのは枯れないことだ」では、対照的な表現によって、枯れないという造花の欠点が肯定的に捉え直されている。

② 第5段落における「（と、私はだんだん昂奮してくる。）」には、**第三者的な観点**を用いて「私」の感情の高ぶりが強調されており、混乱し揺れ動く意識が**臨場感**をもって印象づけられている。

③ 第6段落における「――もどす――」に用いられている「――」によって、「私」の**考えや思いに余韻**が与えられ、「花」を描くことに込められた「**私**」**の思い入れの深さが強調**されている。

④ 第7段落における「『私の』永遠」の「私の」に用いられている「」には、「永遠」という普遍的な概念を話題に応じて恣意的に解釈しようとする「**私**」**の意図**が示されている。

選択肢の一部を強調しておきました。これらが、本文の「表現の仕方」について述べている要素です。これらの要素は、直接本文に書かれている「内容」を示すものではなく、**その内容がどのように表現されているか**を示すものです。

この手の設問はなぜやっかいなのか。本文が正しく読み取れても、それがそのままこれらの選択肢を正しく吟味できることにはつながらないからです。「本文の内容と合致するものを選べ」ならば本文が正しく読み取れていれば事が済みます。しかし、このような選択肢を吟味するためには、本文の内容に加え、**その表現の仕方が正しいかどうかを別に吟味できなければならない**のです。

以上、ほかの入試ではまれにしか（あるいはまったく）見ることのない共通テストの特徴を、項目ごとに説明してきました。これで本稿の前半は終了です。次に問題になるのは、以上のような新傾向に応じるために**どのような力**をつけるべきなのか、**どのような勉強**をするべきかです。

先に枠組みだけ示しておきますと、これからみなさんがとるべき勉強のかたちは、3つの項目で説明できます。すなわち、「**読解力**」「**解答力**」「**知識**」です。以下では、この3つをそれぞれに詳述していきます。

「読解」のポイント

1 「読解」作業とは「要約」のための「抽出」作業のことです

これは共通テストにかぎったことではありませんが、「読解できている」とはどういう状態のことを指すのかを僕なりにひと言でいうならば、「**読めたものを要約してだれかに説明できる状態**」です。「文章が何をいっているのかわかっている」というのならば、その「何」をみなさん自身がいえなければなりません。つまり、「要約」ですね。

ただし、要約といっても、これを「本文を自分なりに言い換えて説明する」ということに直結させる必要はありません。僕らが要求されているのは「筆者・作者の主張の説明」ですから、実際に筆者・作者が使っている**本文の言葉を借りて説明すればよい**のです。そうすると、「要約」に必要なのは、**筆者の主張を説明するのに使えそうな言葉を本文から拾い出してくる**ことだといえます。

というわけで、「読解」の基本作業は**要約に必要な言葉の**「抽出」です。授業で先生方が「大事な言葉に線を引っ張れ」とおっしゃるとき、その「大事な言葉」とは、いまあげた意味で抽出すべき言葉のことだと考えてもらって間違いありません。

2 「読めるかどうか」を問題にする意味がないテクストもあります

共通テストにおいては、「読解」の対象が多様です。評論・小説・随筆といった「文章」に加え、先ほどみたような「図表」「規約文」「詩」といった、従来の入試ではほとんど見ることのなかった素材も射程に入ってきます。しかし、これら「新要素」といえるテクストへのアプローチは、従来の「評論」「小説」「随筆」といっ

た「文章」への取り組み方とはちがってきます。

たとえば、図表について。先の第2回試行調査・第2問の文章を取り囲んでいた図表は、作り手が示そうとしている事態がひと目でわかることを目的とした情報形態です。ひと目でわかる情報をしっかり読み込む練習は要りません。

規約文についても同様です。従来の現代文をモデルにするならば、すべての条文を視野に入れて「全体の統一的意図」を読み取る必要がありますが、あれらは一つひとつが互いに独立した「条文」の集合体にすぎないので、評論や小説や随筆のように「制定者による一貫したメッセージ」を読み取る必要はありません。

詩にいたっては、そもそも「一義的な理解」が原理的に不可能です。詩というのは、それを目にし、口ずさんだ人それぞれに多様な解釈を前提としたものです。それを、「客観的・唯一的な理解」を目的として読むなんて、不可能を通り越して詩の原義に反します。

というわけで、**共通テストから新たに追加された種類のテクストにかんしては、それ自体の「読解」は直接的には問題にならない場合が多い**のです。では、これらのテクストについては何も訓練が要らないのかというと、もちろんそうではありません。先ほど示したように、資料や詩で要求されているのはそれ自体として意味を理解することではなく**設問に答えられるように理解すること**であり、そのための訓練は必要です。

3 「詩」の理解は「一義」化できる?

とくに、「詩」については、ここまでにいってきたことがきわめて明確にあらわれます。先ほど述べたように、詩はそれ自体としては無限の解釈多様性をもっています。それなのに、その意味について「唯一解」を設定できるのはどうしてでしょうか。

先ほどの第2回試行調査・第3問をあらためてご覧ください。この詩の後ろに1000字程度の「エッセイ（随筆）」が続きます。「詩」に傍線部Aが引いてありますが、ここに対応する問いはこうです。

▼第2回試行調査（第3問／問2）

傍線部A「何百枚の紙に　書きしるす　不遜」とあるが、どうして「不遜」と言えるのか。エッセイの内容を踏まえて説明したものとして最も適当なものを、次の①～⑤のうちから一つ選べ。

この設問のポイントは、「エッセイの内容を踏まえて」という点です。**エッセイというのは、ひと言で定義してしまうと「評論」よりくだけた調子で書かれた文章のことですが、書き手の「一貫した主張」があるという**点は「評論」と同じです。実際、詩に続く「永遠の百合《ゆり》」を読んでみると、評論と同じように要約が可能な一貫した筆者の主張が確認できます。そして、それ自体が無限に解釈可能性をもっている詩についても、**エッセイで述べられている筆者の主張との交点に範囲を限定して考えることで唯一解が決まるのです。**

解答のポイント

1　選択問題における正解の条件は、「本文と合致」だけではない

選択肢を吟味する手立ての一つに「消去法」があります。「本文と矛盾すること、あるいは本文にないことを言っている選択肢を切っていく」というスタイルです。このやり方でいくと、正解は「選ぶ」のではなく「**残す**」という仕方で決まります。

紙面の都合があるので論証は省きますが、消去法には一定の有効性がありますし、場合によっては消去法で

しか答えを決められないケースもあります。しかし、**消去法には「本文と合致している／していないということしか吟味できない」という限界がある**こともたしかです。消去法が前提としている基準は「本文にあるかないか」ということだけです。しかし、このやり方を突きつめると、本文にあることを述べている選択肢であればすべて「正解」扱いになってしまいます。

ここで重要なのは、「本文に対応した説明をしている」ということは、正解の条件の一つにすぎないということです。だって、その設問で問われているのは「この傍線（や空欄）で尋ねているこのこと」であって、「本文にあれば何でもＯＫ」ではありませんから。

以上からわかるとおり、**正解の選択肢とは、「本文と合致している」という条件と「設問ごとの要求に対応している」という条件を同時に満たしたもの**でなければならないのです。

とすると、選択問題を解くさいに大事なのは……？　答えは、またしても「設問をよくみる」です。設問をよくみてその設問の要求の範囲内で正解を選ぶことが大切です。こういってよければ、みなさんが選択問題で一定の確率でつねに間違えてしまうとしたら、よく見るべきは本文ではなく設問のほうなのかもしれません。

2 選択問題で大事なのは「言い換え」意識

答え合わせをしていて、「正解」とされている選択肢に書かれていることが本文のどこにもなくて、「なぜこれが正解なの？」と困ったことはありませんか。先ほど、「本文にあるからといって正解だとはかぎらない」という話をしましたが、「本文にないものが正解になる」ということは絶対にありえません。「正解」だったら絶対に本文にあるはずなのに、なぜそれが本文に見当たらないのか。

答えは、「**正解の選択肢が本文を言い換えているから**」です。言い換えられている以上は、その選択肢は本文にあるのとはちがった「表現」で書かれています。見た目がちがうから「本文にある」とは見えないのです。

でも、「内容」として見れば、その選択肢は「本文」の話をしているのです。

これは共通テストにかぎった話ではありませんが、こういう場面において重要なのは、選択肢がいっていることを見た目の表現としてだけではなく内容としても本文と照らし合わせることであり、そのために、選択肢の表現を膨らませて選択肢の表現を自分自身で言い換えていくことです。これもまた、「本文をそれ自体として読めること」に還元できない、**解答中の重要な作業**のひとつです。

3 「対話」形式の「見かけの姿」にだまされない

共通テストでは、選択肢が「対話」形式で出題される可能性があります。試行調査の現代文では直接には出ていないのですが古文・漢文ではバッチリ出ていますし、センター試験の現代文でも、共通テストでの出題を予告するかのように出ています。以下、２０１９年度、２０１８年度の問題から、設問だけ引きます。

▼２０１９年センター試験〔本試験〕（第1問／問5）

次に示すのは、本文を読んだ後に、五人の生徒が翻訳の仕事について話し合っている場面である。本文の趣旨と**異なる発言**を、次の①～⑤のうちから一つ選べ。

① 生徒A――私たちは英語の授業などで I love you. は「私はあなたを愛する」と訳すのだと教わったけど、たしかに実際に日本語でそのように言う人はあまりいないよね。筆者は、翻訳先の言語の中に原文とぴったり対応する表現がなくてもそれらしく言い換えなくてはならないことを、翻訳の仕事の難しさだと考えているよ。

② 生徒B――そうだね、原文をそのまま訳すとどうしても違和感が出てしまう場合があるよね。でも、「あのう、花子さん、月がきれいですね」では、愛を告白するという意図が現代の私たちには伝わらないよ。やはり筆者がいうように、時代や文化の違いをなるべく意識させずに読者に理解させることが翻訳の仕事の基本なんだろうね。

③ 生徒C――筆者は子供の頃、外国の小説で「私はあなたを愛しているわ」と娘が父親に言う場面を読んで、翻訳の良し悪しを意識せずにいかにも外国人らしいと感心したけど、翻訳家としての経験を積んだ今ではなぜそんなに感心したのかと思っている。考えてみれば私たちは父親にそんな言い方をしないし、結局そこにも文化の差があるってことかな。

④ 生徒D――ロシア語からの翻訳の話でいえば「ぼくはあの娘にぞっこんなんだ」は少し古いけど、「私は彼女を深く愛しているのである」と比べたら会話としては自然だね。でも、筆者がいうように後者も正しくないとは言い切れない。こうしたことが起こるのも、ある言葉に対応する表現が別の言語文化の中に必ずあるとは限らないからだね。

⑤ 生徒E――でも、普通の読者はそこまで考えないから、自然な印象ならそれでいいってことになる。それで最近の翻訳では、ある言語文化の中で標準的でない表現がわざと用いられている文章まで、こなれた表現に訳す傾向がある。しかし、それではもとの表現がもつ独特のニュアンスが消えてしまう。そこにも筆者の考える翻訳の難しさがあるね。

傍線部B「図1のように」とあるが、次に示すのは、四人の生徒が本文を読んだ後に図1と図2について話している場面である。本文の内容をふまえて、空欄に入る最も適当なものを、後の①～⑤のうちから一つ選べ。

生徒A——たしかに湯飲み茶碗に図1のように持ち手をつければ、珈琲カップとして使うことができるようになるね。

生徒B——それだけじゃなく、湯飲み茶碗では運ぶときに重ねるしかないけど、持ち手があれば図2みたいに指を引っ掛けて持つことができるから、一度にたくさん運べるよ。

生徒C——それに、湯飲み茶碗は両手で支えて持ち運ぶけど、持ち手があれば片手でも運べるね。

生徒D——でも、湯飲み茶碗を片手で持つこともできるし、一度にたくさん運ぶ必要がなければ珈琲カップを両手で支えて持つことだってできるじゃない。

生徒B——なるほど。指で引っ掛けて運べるようになったからといって、たとえウェイターであっても、常に図2のような運び方をするとは限らないね。

生徒A——では、デザインを変えたら、変える前と違った扱いをしなきゃいけないわけではないってことか。

生徒C——それじゃ、デザインを変えたら扱い方を必ず変えなければならないということではなくて、［　　　　］ということになるのかな。

生徒D——そうか、それが、「今とは異なるデザインを共有する」ことによって、「今ある現実の別のバージョンを知覚することになる」ってことなんだ。

生徒C——まさにそのとおりだね。

① どう扱うかは各自の判断に任されていることがわかる
② デザインが変わると無数の扱い方が生まれることを知る
③ ものの見方やとらえ方を変えることの必要性を実感する
④ 立場によって異なる世界が存在することを意識していく
⑤ 形を変える以前とは異なる扱い方ができることに気づく

ところで、こうした「対話」の形式をとる設問は、ほかの形式にはない新しい解き方や能力が要求されているような印象を与えますね。では、実際はどうなのでしょう?

たとえば2019年の問題では、生徒はいわば筆者の「分身」です。筆者の言っていることを代弁しようとする5人の生徒がくだけた口調で「本文」についてしゃべっているだけです。そうすると、僕らがすることは、彼らのセリフの中で本文に書いてあったことや設問で尋ねられていることに当てはまるものを選び、当てはまらないものを切ることだけです。ようするに、くだけた文体で書かれた筆者の主張を吟味する**「内容合致問題」にすぎない**わけです。空所補充問題である2018年の出題にいたっては、空欄までの生徒の対話が本文の概要説明になっています。もちろん、これを読解のヒントととらえても解答の材料はたいして増えませんが、対話に出てきている情報が僕らの味方になることはあっても、敵になることはありません。

というわけで、対話型の問題にかんしては、見かけの姿にだまされず、**頭の中でくだけた文体を評論っぽい文体に書き直しさえすれば、従来の現代文となんら変わりはなくなります。**

「暗記・習得」課題

1 漢字

「漢字」問題は、共通テストでもセンター試験と同じように出題されます。配点の低さから漢字問題を捨ててしまう受験生をよく目にするのですが、本番までの努力しだいで**本番当日は1分で10点もらえるおいしい問題**です。おろそかにするわけにはいきません。ちなみに、「漢字の対策を手っ取り早く終わらせる方法は？」という質問をよく受けるのですが、残念ながら、純粋な「暗記」対象でしかない漢字には「王道」がありません。**「かける時間」と「見込める成果」がきれいに比例する**分野です。したがって、「手っ取り早さとか効率性とかを考えるヒマがあったら、その時間を使って**とっととやる**」がいちばん速く終わる道です。

とすると、漢字習得についてまず重要なのは、「**早く着手する**」ことです。読み書きできなければならない漢字の分量はそれなりにありますし、習得するのにはまとまった時間が必要です。しかし、受験本番が近づくにつれ、現代文以外にもやらなければならない科目がどんどん増えていくので、漢字の対策にまとまった時間を割くことは難しくなります。そうなる前、**できれば高2の年度末まで、あるいは遅くとも受験学年の8月（前半戦終了）まで**にはひととおり習得すべきだと思います。

それから、「**何巡《なんじゅん》もする**」ということが重要です。これはあらゆる暗記対象についていえますが、対象と1度出合っただけでは成果は見込めません。**人間の脳は、**うす～くうす～く、しかし**何度も何度も出あうことによってものを覚えていきます。**漢字練習のさいには、**できれば3巡、少なくとも2巡**はしてください。3巡したら「漢字は終わった」ということにして、あとは演習問題に出てくる5個、10個の漢字を相手にしながら、3巡によって培った「**データベース**」を**補強していく**というスタイルに移行しましょう。

2 現代文用語

突然ですが、これらの語の意味はわかりますか。

「相関性」「不遜」「普遍」「援用」

これらはすべて、2回分の試行調査のテクストに直接出てきた語です。いちおう順番に意味をいっておくと、「二者がお互いになんらかの関係（たいていは因果関係）をもつこと」「態度がデカく、おごりたかぶっていること」「時代や地域や文化・社会を超えていつでもどこでもだれにでも妥当すること」「自分の意見をフォローするために、他人の意見を取り上げること」です。

直接出てきた用語ではなくてもよいのならば、試行調査の出題範囲内でこんな問いかけだってできます。次の語を「仲よし」どうしの2グループに分けてみてください。

「主観性」「客観性」「特殊性」「普遍性」「一般性」「個別性」「一回性」

これらがすべて2回分の試行調査のテクストに出てきたわけではありませんが、筆者がいっていることを理解するためには知っていなければならない言葉です。一つひとつの意味の説明は省きますが、右の語群は「主観性―特殊性―個別性―一回性」と「客観性―普遍性―一般性」に分けることができます。

このような、**おもに学問的な議論の場で用いられ、日常会話にはほとんど出てこない語を「現代文用語」と**よぶのですが、これがみなさんに習得してほしい第二の対象です。

こういう用語を覚えるのに最も手っ取り早い対策ツールは**現代文用語集**です。さまざまな出版社から何種類も出ているので、自分に合った用語集を1冊マスターしてください。

ただし、「用語理解」は漢字練習とは異なり、「終わりの日をシッカリ決めて早々に終わらせる」というものではなく、「演習」と組み合わせてこそ意味をもつものです。文章に出てきた用語の意味を理解し、その理解をもとに文章が読みやすくなった経験を重ねるという演習との二人三脚が用語習得の条件です。ですから、**用語習得は試験本番前夜まで終わりません**。漢字のように「○巡したら終わり」とするのではなく、何巡も何巡も「終わりまで読んでまた最初から……」を繰り返し、試験本番前夜まで続けていきましょう。

「最初のうちはサラッと読み、だんだん深く読んでいく」というふうに、**理解の深度に段階をつける**のがよいでしょう。1巡めは用語とその意味の説明だけ。友達との待ち合わせ時間や、授業の合間の10分休憩など、本腰入れて勉強することができない状態の「**片手間の勉強**」でけっこうです。2巡めからは、たとえばその横に載っている**補足説明**も読む。用語集によっては用語の**例文**が載っているので、3巡めからはそこも読んでみる……というように、その用語の理解を段階的に深めていくのが有効です。

3 表現技法（修辞法）の知識

ためしに、一つ尋ねてみましょう。

問　「擬音語」と「擬態語」の共通点と相違点をそれぞれ説明せよ。

まず「共通点」は、「おもにひらがなやカタカナを用いて、もののようすを印象的に表した言葉」です。ただし、「擬音語」が「パンパン」「ドンドン」のように実際の聴覚的対象となる物理的な「音」を表すのにたい

して、「擬態語」は「フラフラ」「カリカリ」のように「音」が鳴っていない状態全般に用いられます。これが「相違点」です（ただし、擬態語を広くとって擬音語も含める場合もあります）。

あるいは、こんな問い方をされたら答えられますか。

問　文章中で**括弧**（「　」）が用いられている場合、その**意味**や**目的**にはどのようなものがあるか。思いつくかぎり述べよ。

「小説などでだれかの**セリフ**であることを示す場合」「本や論文のようなだれかが書いた**文章のタイトル**を示す場合（正式にはただの「　」ではなく『　』を用います）」「だれかが本や論文で書いた意見を**引用**する場合」「事件や団体、自然物などの**固有名詞**を示す場合」など。このあたりは、みなさんもご存知ですね。

また、こうしたルールのほかにも、

- 「強調」……自分のいいたいことをより強く伝える言葉に用いる
- 「比喩」……たとえの表現であることを示すために用いる
- 「皮肉」……通常の意味とはまったく正反対の意味であることを示すために用いる

……など、**筆者・作者のメッセージを伝えるような**「　」もあります。

先ほど述べたように、共通テストではテクストの「内容」だけではなく、内容の「表現の仕方」も問われます。そうした問いに答えられるためには、「**表現技法**」「**修辞法**《しゅうじほう》」の知識が必要です。これが、第三の暗記対象。

こうした知識を身につけるのに最も手っ取り早い対策ツールは「**国語便覧**」です。多種多様な便覧が出ていますし、高校で一括購入されることも多いので、すでにもっている人が多いかもしれません。その便覧の中に

は「表現技法」「修辞法」という項目があるはずなので、まずはそこをまる覚えしてしまいましょう。さほど分量は多くありませんから、本気を出せば**今晩中に**この課題はクリアできるかもしれません。

ただし、共通テストに出てくる「表現の仕方」は意外に幅が広く、国語便覧には載っていないような表現手段はいくらでもあります。たとえば、先ほどの2つめに出てきた「　　」の意味は、国語便覧には載っていません。それに、「表現の仕方」が単体で問われるケースはまれです。たいていの場合は、「○○という表現が使われているが、これは××の重要性を強調するためである」というように、選択肢の形で**文章の内容とからめて出題されます**。この選択肢の場合、「○○という表現が強調として用いられる」という箇所を吟味することは表現の仕方の問題ですが、「筆者・作者が××の重要性を主張している」という箇所を吟味することは本文の内容理解の問題です。

以上のような事情から、表現の仕方についての知識はまず国語便覧で最低限のことを覚え、それ以降は**演習の中で徐々に理解の幅を広げていく**のが望ましいのです。

おわりに

ここまで共通テスト「現代文」をさまざまな側面から分析してきましたが、やはり最後にいいたいのは、「**土台の力をシッカリつけてください**」ということです。

いままで述べてきたように、共通テストには強烈な独自性があるとはいえ、それらを攻略するために必要な土台は「ふつうの現代文」です。読む対象が評論であれ小説や随筆であれ、はては資料や詩であれ、設問の分析が大切であれ、根底では従来どおり「目の前に与えられたものを読み取る」「読み取ったものにもとづいて問いに答えていく」ことが要求されています。それらができていれば、あとは1・2年かけて共通テスト用に調整していくだけです。反対にいうと、「ふつうの現代文」の力がないと共通テスト対策の見通しは立ちません。

学校や予備校の授業では共通テストに特化した授業が月に1・2度ほどはあるでしょう。もちろん、そういった授業に意味がないわけではありません。しかし、これから1・2年かけて勉強していく過程では共通テストへの不安や焦りは忘れ、「土台の力」を謙虚に積み上げていくことが最も大切だということを、最後に強調しておきます。

第12節

共通テスト　国語［古文・漢文］の勉強法

——磯村　義高（ベネッセお茶の水ゼミナール講師、河合塾講師）

知識を身につけ、たくさん読む。結局はそれが近道、それが王道！

はじめに

1 共通テストの古文・漢文で問われる能力

「第1章」で述べられていたとおり、共通テストは「思考力・判断力・表現力」を問うものとされています。古文・漢文はすべてマーク式であり、「表現力」を問うのは難しいでしょうから、おもに「思考力・判断力」を問うということになりますが、それはいったいどのような能力なのでしょうか。2回行なわれた試行調査とセンター試験との比較を通じて考えてみましょう。

2 古文・漢文における「思考力・判断力」とは

まず、試行調査の古文の問題を見てみると、センター試験では必ず出題されていた、いわゆる**文法問題が消滅**していることに気づきます。もちろん、解答のために文法知識が必要な設問はあるのですが、文法知識そのものを問うものはなくなった、ということです。単語についても同様で、たとえば第2回試行調査では、単語

の知識だけでは選択肢を絞りきれず文脈の理解が必要な設問（問2）が出ています。出題者はおそらく「もちろん文法や単語の知識は必要だが、知識そのものではなくその運用能力を問いたい、それが思考力・判断力である」と考えているのではないでしょうか。もともとセンター試験も、私立大入試にくらべれば単純な知識問題は少なく文脈理解が必要なものが多かったのですが、共通テストではその傾向がより強まる可能性が大きい、といえそうです。

また、試行調査では2回とも、古文と漢文のいずれも**複数の文章を読ませる問題**になっています。じつはセンター試験でもこのようなことがまったくなかったわけではない（たとえば、2010年の漢文では本文とそれに関連する漢詩を読ませている）のですが、基本的には1つの文章の読解が求められていました。共通テストの出題者は「複数のテクスト（文章）を比較・照合するような能力を問いたい、これも思考力・判断力である」と考えているのでしょう。

3 「思考力・判断力」以外に求められるもの

そして、これは試行調査だけでは断言できないことなのですが、センター試験と大きくちがう点がもう1つあります。**出典**です。センター試験では、有名作品を用いた出題はほとんどありませんでした。おそらく「事前に読んだことがある受験生と読んだことがない受験生との不公平をなくすため」ということなのでしょう。古文で『源氏物語』から出題されたこともある（2014年）のですが用いられたのはかなりマイナーな場面であり、事前に読んだことがある受験生はほぼいなかったはずですし、『源氏物語』のあらすじや人物関係などを知っていてもとくに有利にはならないような問題でした。

しかし、試行調査は2回とも『源氏物語』から出題されており、とくに第2回試行調査は、かりにこの場面を読んだことがなくても「宇治十帖《うじじゅうじょう》」のあらすじや薫《かおる》・匂宮《におうのみや》・浮舟《うきふね》の関係などを知っているほうが明らかに読

みやすい文章でした。

漢文も、第1回試行調査が太公望《たいこうぼう》の釣りの話、第2回試行調査が「朝三暮四《ちょうさんぼし》」の話と、どちらも有名なものを素材としています。これらの話は、読んだことはなくても聞いたことならある、という受験生もいるでしょう。

もちろん、あくまで試行調査でのことなので、本番でもこの傾向が維持されるという保証はないのですが、センター試験とちがって**共通テストでは有名な話からの出題も大いにありうる**、ということはいえそうです。読んだことがある、あるいは聞いたことがある話から出題される確率は、もちろん古文・漢文に触れてきた量が多ければ多いほど上がりますから、それまでの勉強量が反映されるという意味で、私自身は好ましいことだと考えています。これは「思考力・判断力」というのとはちがうでしょうが、共通テストは古文・漢文の勉強量、もっといえば、多くの勉強によって身につけた古文・漢文の教養を問いたいのかもしれません。

共通テスト古文のセンター試験との共通点・相違点

1 試行調査の設問分析

試行調査について、もう少しくわしくお話ししましょう。

まずは古文についてなのですが、第1回試行調査と第2回試行調査では設問形式や難易度がかなり異なっています。第2回試行調査のほうが明らかに易しくなりました。第1回試行調査の正答率が想定よりだいぶ低かったので、調整したのでしょう。そうなると、本試験はおそらく第2回試行調査に近いものになると思われますので、ここではおもに第2回試行調査の問題について述べたいと思います。以下、それぞれの設問の指示文と、選択肢の一部を抜粋しています。

▼第2回試行調査（第4問／問1～5の設問指示文と選択肢の一部）

問1　傍線部A「心ひとつをかへさふ」とあるが、ここでの浮舟の心情の説明として最も適当なものを、次の①～⑤のうちから一つ選べ。〔以下、省略〕

問2　傍線部**ア**～**ウ**の解釈として最も適当なものを、次の各群の①～⑤のうちから、それぞれ一つずつ選べ。

〔途中省略〕

ア「聞こし召せ」／**イ**「こちなし」／**ウ**「さかしら人」

問3　この文章の登場人物についての説明として適当でないものを、次の①～⑤のうちから一つ選べ。〔以下、省略〕

問4　傍線部B「親にいま一たびかうながらのさまを見えずなりなむこそ、人やりならずいと悲しけれ」の説明として最も適当なものを、次の①～⑤のうちから一つ選べ。〔以下、省略〕

問5　次に掲げるのは、二重傍線部「かかれとてしも」に関して、生徒と教師が交わした授業中の会話である。会話中にあらわれる遍昭《へんじょう》の和歌、それを踏まえる二重傍線部「かかれとてしも」の解釈として、会話の後に六人の生徒から出された発言①～⑥のうち、適当なものを二つ選べ。〔途中省略〕

生徒　先生、この「かかれとてしも」という部分なんですけど、現代語に訳しただけでは意味が分からないんです。どう考えたらいいですか。

教師　それは、

　たらちねはかかれとてしもむばたまの我《わ》が黒髪をなでずやありけむ

という遍昭の歌に基づく表現だから、この歌を知らないと分かりにくかっただろうね。古文には「引き歌」といって、有名な和歌の一部を引用して、人物の心情を豊かに表現する技法があるんだよ。〔以下、省略〕

問1は傍線部説明問題で、形式的にも、傍線部の前の文脈が読めているかどうかを問うという点でも、センター試験の問3～5によくあったタイプの設問です。ここでは第1段落全体を通して匂宮・薫・浮舟の三者の関係をきちんと読みとれたかどうかが問われています。**人物の省略をきちんと補えるかどうかがかぎとなる設問**です。

問2は、第1回にはなかった短い傍線部の解釈問題で、センター試験の問1に近い形式のものです。ただし、近年のセンター試験ではなく初期のころのような、単語1つだけの意味を問うものになっています。とはいえ、前述のとおり、たんなる単語の知識の問題ではありません。たとえば傍線部アの「聞こし召す」には「お聞きになる」「召しあがる」「お治めになる」といった複数の意味用法があります。つまり、選択肢を見ただけでは解答できないのです。前の文脈に「粥《かゆ》」が出てくることに気づいてはじめて正解が判断できます。イ・ウも同様で、知識だけでは正解にたどり着けません。**「知識＋文脈把握」**の設問といえるでしょう。

問3は本文全体にかかわる内容一致問題であり、センター試験では問6でときどき見られたタイプの設問です。これも、問1と同様、**人物の省略をきちんと補いながら読むことが必要**です。

問4は傍線部説明問題ですが、問1とはちがって、どちらかというと解釈問題に近い設問です。前の文脈を把握することはもちろんですが、それ以上に傍線部そのものを正確に解釈する必要があり、そのためには「ながら」「なむ」「人やりならず」などについての語彙・文法知識がなければなりません。前述のとおり、**文法問**

題はなくなっても、やはり文法知識は問われているのです。見た目はちがいますが、本質的には、センター試験の問3～5によくあった、長めの傍線部の解釈問題と似たタイプの設問といってよいと思います。

ここまでにみてきた問1～4がセンター試験の問題とさほど変わらない一方、大きくちがうのが問5です。「引き歌」についての設問はセンター試験でも出題されたことがある（たとえば、2006年）のですが、傍線部のもとになった和歌の解釈は要求されても、今回のように詞書《ことばがき》（和歌が詠まれた状況を説明する文章）の読解まで要求されることはありませんでした。教師と生徒の対話形式という点は、じつはたいして重要ではありません。**本文とは別の文章を読まなければならない、という点が新しい**のです。前述の、複数のテクスト（文章）を比較・照合する能力を試す設問であり、14点もの配点が与えられていることから考えても、これが**共通テストの目玉でありメインの設問**である、といえるでしょう。

では、本番でもおおむね試行調査のような問題が出題されるとして、高得点をとるためにはどのような勉強が必要なのでしょうか。

2 まずは知識の習得から

単語や文法事項を覚えるのはつまらない、苦手だ、という人も多いでしょう。しかし、古文も語学です。英単語や英文法を知らずに英文を読むことができないように、**古文も単語や文法の知識なしに読むことは不可能**なのです。

英語の場合は、ネイティブの人や英語圏からの帰国子女など、それらの知識が自然と身についている人もいるので、日本生まれ日本育ちの人の中には不公平感を覚える人もいるかもしれません。しかし、古文の場合はネイティブスピーカーや古語圏からの帰国子女（？）はこの世に存在しません。だから、全員平等です。どんなに優秀な受験生でも、あるいは先生でも（もちろん私も）、みんな単語・文法の暗記はしたのです。すなわ

ち、これが「**王道の勉強法**」なのです。これを避けて古文が上達することはない、と思ってください。

単語については、**最低でも３００語レベルの単語集は完全に習得したい**ところです。そのさいには、**できるだけ漢字表記に直して覚えるとよい**でしょう。たとえば、第2回試行調査の問2で問われていた「こちなし」は、「骨無し」です。「骨無し」という字が思い浮かべば、「無骨だ」という意味にたどりつくのが容易になります。また、共通テストにかぎらず、大学入試で**最もよく問われる単語は古今異義語《ここんいぎご》**です。第2回試行調査試行調査でも、「むつかし（不快である）」「なやまし（病気などで体調がすぐれない）」といった古今異義語が文中に多数登場します。直接の設問にはなっていませんが、これらの語の意味を誤解すると読解に支障が生じます。

共通テストで直接問われる可能性という点では、**多義語が最も重要**かもしれません。前述のとおり、第2回試行調査の問2は「知識＋文脈把握」を問うものでした。それは結局、多数ある意味の中から文脈に合うものを選ぶという設問であり、当然多義語が問われます。多義語の学習のさいは、**ただ訳語をたくさん覚えるのではなく、語源から理解するようにする**とよいでしょう。

文法については、最低でも基本ドリルを1冊、問題集を1冊、計2冊くらいは早めに片づけておきたいところです。**用言、助動詞、助詞はすべて必須の知識**です。「完璧」をめざしてください。**とくに、各活用形の用法を早いうちにおさえておきましょう。**私自身、高2の1学期まではたいして古文が得意ではなかったのですが、夏にあるきっかけから各活用形の用法をおさえたところ、急にできるようになりました。

単語・文法の双方にかかわるものとして敬語動詞があります。**敬語動詞は人物把握の決め手になるものですから、ほかのどんな単語より優先しておさえなければなりません。**覚えるべき敬語動詞は40語程度にすぎませんから、できるだけ早く確実に、それぞれの意味用法をおさえましょう。

そして、**和歌の修辞《しゅうじ》**についても学んでおきましょう。試行調査では2回とも、和歌の解釈を要求していまし

た。掛詞《かけことば》や枕詞《まくらことば》といった修辞法そのものを問うことがあるかどうかはわかりませんが、和歌の解釈のためにそれらの知識は必要です。

3 共通テストが求める「教養」（古典常識・文学史）

2で述べたような知識以外にも、習得しておくべきものがあります。先述した「教養」、具体的には**古典常識**や**文学史の知識**です。

古典常識というのは、本来は多くの文章を読むことで少しずつ身につけていくべきものです。しかし、英語をはじめとしてやらなければならないことがたくさんある受験生は、古文ばかりに長い時間を使うわけにはいきません。国語便覧や参考書などで効率よく身につけたいところです。

文学史の知識は、センター試験では直接問われたことも何度かありますが、共通テストではおそらくそのような設問はないと思われます。とはいえ、文学史の知識が読解や解答の助けになることは大いに考えられます。作品名・作者名をただ覚えるだけでなく、『源氏物語』などの有名作品のあらすじや人物関係も意識的に学習していくとよいでしょう。現代語訳や漫画を読むのもよいと思います。

なお、これらの教養は大事ですが、単語・文法よりも優先順位は下がります。**単語・文法を習得したら読解練習をしつつ教養も身につけていく**、という順番になるかと思います。

では、つぎにその読解練習についてお話ししましょう。

4 人物を補いながら読解練習

「読解力」というものを説明するのはなかなか難しいのですが、入試の古文においては、それは「**省略を補う能力**」と言い換えられるかもしれません。**単語も文法もちゃんと覚えた**、なのに**文章になると読めない**、そう

いう人はたいてい省略を適切に補うことができていないのです。現代でも日本語は省略の多い言語だといわれていますが、古文はさらに省略が多いので読みにくいのです。とくに、人物の省略を正しく補えないと、まるっきり誤読してしまいかねません。物語や日記の読解においては、人物把握が最も重要といえるでしょう。共通テストの出題者もそれがわかっているからこそ、第2回試行調査の問1・3のような設問で正確な人物把握ができているかどうかを試しています。人物把握ができる人のことを「古文が読める人」とみなしているのです。ですから、読解練習とは「省略、とくに人物の省略を補って読む練習」である、ということになります。参考書や問題集を用いるさいにも、学校や予備校などの授業の予習のさいにも、まずはその点を意識しましょう。

読み進めるさい、人物の省略はいちいち書き込んでおきます。そして、復習のさいには誤読した箇所、とくに人物把握を誤った箇所に注目して、誤った原因を明らかにします。「助動詞の意味をとりちがえた」「敬語動詞を見落とした」「接続助詞の用法を知らなかった」などなど、いろいろな原因があるでしょう。その原因を一つひとつ潰していくのです。原因が自分で判断できない場合は、先生に質問しましょう。初心者が誤読するのは当たり前のことです。誤読から学んで、同じような誤読を二度としないようになればよいのです。その積み重ねが読解力を向上させていきます。

5 精読から速読へ

センター試験もそうでしたが、共通テストも時間的にはかなり厳しい試験になりそうです。古文にかけられる解答時間は単純計算で20分ですが、文章の分量などを考えると、これはけっして長い時間ではありません。当然、できるだけ速く読むことが求められます。

とはいえ、**たっぷり時間をかけて読めないものを短い時間で読めるわけはありません。**まずは長時間かけてもしっかり読めるようになることが大事です。4のような読解練習を地道に積み重ね「読解力」が身について

くれば、古文を読むことが苦ではなくなってきます。いちいち深く考えなくても、省略が自然と補えるようになってくるのです。徐々に読解スピードも上がっていきます。

私は、**読解スピードを上げるには、結局はたくさん読むしかない**、それが「**王道の勉強法**」だと思っています。「速読」とはけっしていいかげんに速く読むことではありません。速く「精読」することを「速読」というのです。**「精読」を積み重ねるうちに自然と「速読」になっていきます。**

練習の素材としては、やはりセンター試験の過去問が最適かと思います。基礎の読解問題集を1冊こなしたら取り組んでみましょう。20分以内に解答できるようになるのが目標です。

共通テスト漢文のセンター試験との共通点・相違点

1 試行調査の設問分析

つづいて漢文ですが、こちらも古文と同様、まずは第2回試行調査を分析していきます。以下、【文章Ⅰ】と【文章Ⅱ】の一部、および、それぞれの設問の指示文と選択肢の一部を抜粋します。

▼第2回試行調査（第5問／問1～5の設問指示文と選択肢の一部）

【文章Ⅰ】

猿飼いの親方が茅《とち》の実を分け与えるのに、「朝三つにして夕方四つにしよう、」といったところ、猿どもはみな怒った。「それでは朝四つにして夕方三つにしよう、」といったところ、猿どもはみな悦《よろこ》んだという。

（金谷《かなや》治《おさむ》訳注『荘子』による。）

【文章Ⅱ】

楚ニ有リ養ヒテレ狙《そ》ヲ以テ為スレ生(1)者一。〔以下、省略〕

問1 傍線部(1)「生」・(2)「積」の意味として最も適当なものを、次の各群の①〜⑤のうちから、それぞれ一つずつ選べ。〔以下、省略〕

問2 傍線部A「使老狙率以之山中、求草木之実」の返り点・送り仮名の付け方と書き下し文との組合せとして最も適当なものを、次の①〜⑤のうちから一つ選べ。〔以下、省略〕

問3 傍線部B「山之果、公所樹与」の書き下し文とその解釈との組合せとして最も適当なものを、次の①〜⑤のうちから一つ選べ。〔以下、省略〕

問4 傍線部C「惟其昏而未レ覚也」の解釈として最も適当なものを、次の①〜⑤のうちから一つ選べ。〔以下、省略〕

問5 次に掲げるのは、授業の中で【文章Ⅰ】と【文章Ⅱ】について話し合った生徒の会話である。これを読んで、後の(i)〜(iii)の問いに答えよ。

生徒A 【文章Ⅰ】のエピソードは、有名な故事成語になっているね。

生徒B それって何だったかな。［X］というような意味になるんだっけ。〔以下、省略〕

問1の熟語問題、問2の返り点と書き下し文の問題、問3の書き下し文と解釈の問題、問4の解釈問題、これらはすべてセンター試験でもよく出題されていたタイプです。難度も、センター試験と同じか、あるいは少

し易しいくらいでしょう。「使」「所」「未」といった字についての基本知識がしっかり身についていればけっして難しいものではありません。試行調査において問3・4の正答率があまり高くなかったのは、おそらく受検者が低学年で、まだ漢文の勉強に手をつけていない人が多かったからでしょう。きちんと勉強している人にとっては、短時間ですんなり正解にたどりつける設問です。

では、古文と同様、やはり問5が新傾向の、複数の文章（テクスト）を比較・照合する設問なのでしょうか。じつはそうではないのです。問5の(i)は【文章Ⅰ】だけの設問、(ii)と(iii)は【文章Ⅱ】だけの設問であり、2つの文章を比較・照合する必要はまったくないのです。そもそも、問5の(i)は「朝三暮四《ちょうさんぼし》」の意味を知っていれば考える必要もない設問で、【文章Ⅰ】の存在意義はあまりない、ともいえます。共通テストの最重要コンセプトである（と思われる）「複数の文章を読ませる」ために無理やりつくった設問というと言いすぎかもしれませんが、正直なところ、そのような印象を受けました。とはいえ、第1回試行調査の問6は【文章Ⅰ】と【文章Ⅱ】を比較・照合する必要がある設問でしたから、本試験ではそのような設問が出題される可能性は大いにあるでしょう。

以下、漢文で高得点をとるためにはどのような勉強が必要なのかを述べていきたいと思います。

2 漢文も知識から

漢文も、古文と同様、語学です。ということは、やはり**語彙・文法の知識**は必須です。とはいえ、漢文は、古文にくらべると覚えるべきことはさほど多くありません。

まず語彙ですが、古文がおもにひらがなで書かれているのにたいして、漢文は全編漢字で書かれています。さらにいうと、漢字は「表意《ひょうい》文字」です。**文字を見れば意味がわかる**のです。だから、古文単語のように意味を覚えなければならないものは少ないのです。ふだんから「現代文」の漢字学習を行なうさいに、読み書きだ

けでなくきちんと意味まで習得していれば、たいていの文字の意味はわかります。**わからない文字が出てきた場合は、その文字を用いた熟語を思い浮かべてみましょう。**たとえば「逼」という字はあまりなじみがないかもしれません。しかし「逼迫《ひっぱく》」という熟語が思い浮かべば、「迫」と同じような意味、つまり「せまる」という意味だな、とわかります。結局、現代文の漢字学習がそのまま漢文語彙の習得につながるのです。また、第2回試行調査・問1のような熟語問題は、そもそも選択肢になっている熟語の意味を知らなければ手も足も出ません。やはり、「現代文」の漢字学習が重要なのです。漢文語彙として特別に覚えなければならないのは、現代日本語では用いられない語句（たとえば、王や諸侯が自分自身を一人称でよぶ場合の「寡人《かじん》」）や、現代日本語と意味の異なる語句（たとえば、「東の空に出たばかりの月」をさす場合の「新月《しんげつ》」）くらいで、そこまで多くはありません。こういう語句に絞ってしっかりおさえましょう。

　次に文法（句法）ですが、漢文の書き下し文は古典文法によるものですから、古典文法があやふやな段階で漢文句法に手を出してもあまり意味がないでしょう。まずは古典文法の習得に努めてください。そのうえで漢文句法を学習します。基本ドリルを1冊こなしておけばよいでしょう。こちらも、古文にくらべれば覚えることは多くありませんが、試行調査をみるかぎりでは、**句法の知識は古文の文法知識以上に得点に直結しやすい**ように思えます。確実に身につけましょう。

　ちょっと話がそれますが、**古文ほど知識習得に時間はかからないがそれだけで古文以上に得点を稼げるという意味で、漢文は「おいしい」科目**です。漢文を捨てて進路をせばめるのはじつは非常にもったいないことだと、私は思います。だから、私立大志望者も漢文から逃げず、ぜひ立ち向かってほしいのです。出願できる大学も増えますし、おもしろい話もたくさんありますよ。

3 漢文における「教養」とは

語彙・文法以外で身につけるべき知識である「**教養**」についてはどうでしょう。

故事成語の知識は、第2回試行調査における「朝三暮四《ちょうさんぼし》」のように、役立つ可能性が高いと思われます。**故《こ》事成語《じせいご》およびその由来となった話を多く知っておくとよい**でしょう。参考にするのは、現代語訳でも漫画でもかまいません。おもしろい話が多いので、勉強の息抜きにもなると思います。漢文の文学史は、知識そのものがセンター試験で問われたことがなく、共通テストでもおそらくそのような設問は出ないでしょう。しかし、共通テストの性質を考えると、たとえば孔子《こうし》と老子《ろうし》の思想の相違点を考えさせるとか、李白《りはく》と杜甫《とほ》の作風を比較させるなどの出題がなされる可能性は大いにありますから、諸子百家《しょしひゃっか》や有名な詩人についての最低限の知識はあったほうがよいでしょう。国語便覧などを活用して学習しておきましょう。

4 漢文の読解練習は知識確認

漢文の読解練習の要点も、基本的には古文と同じです。つまり、**きちんと省略を補いながら読む**ことが重要です。人物の省略はもちろんですが、**漢文は指示語を多用する**ので、それらの指示内容もきちんと補いながら読みましょう。とはいえ、漢文は古文にくらべるとわかりにくい省略は少なく、基本知識がしっかり身についていればけっして読みにくいものではありません。誤読の原因は知識不足、ということが圧倒的に多いのです。**読解練習をしながら、誤読の原因となった知識不足を補っていく**、ということの繰り返しになるでしょう。読解スピードについても、古文と同様、基本的にはたくさん読むことで身についていくと思います。

古文と同様、基礎的な読解問題集を1冊片づけたらセンター試験の過去問に進みましょう。現代文の出題分量などのことを考えると、漢文に20分はかけられないでしょう。センター試験の過去問を15分以内に解けるくらいのスピードは必要です。それをめざして練習していきましょう。

複数のテクスト（文章）の照合に慣れるために

1 試行調査以外の出題例を見てみる

さて、ここまでに述べてきた勉強法は、古文・漢文のいずれについても、じつはセンター試験の場合とあまり変わりません。センター試験も共通テストも問われることの大部分は似たようなものなのですから、勉強法も似てくるのは当然です。だからこそ「**王道の勉強法**」なのです。しかし、先述のとおり、センター試験から大きく変化する点が1つあります。そう、共通テストの最重要コンセプトである（と思われる）「**複数のテクスト（文章）を読ませること**」です。この点についての対策はどうすればよいのでしょうか。

みなさんは、「複数の文章を読んで比較・照合する」という作業を行なった経験はあまりないかもしれません。しかし、そういう作業を要求する問題を毎年出している大学があります。早稲田大の文化構想学部です。創設以来、現代文と現代文（文語文）、現代文と古文と漢文といった複数の文章を読ませて比較・照合させる問題をずっと出しつづけています。また、上智大のTEAP（ティープ）利用型入試でも古文と古文、あるいは古文と漢文の融合でそのような出題が見られます。これらの大学を受験するかしないかは別として、その問題を解いてみることは、共通テストに向けた頭の使い方の訓練として役立つでしょう。

2 先生を頼ろう

ところで、共通テストにおける「複数の文章」というのはただたんに複数であるのではなく、「**互いに関連する**複数のテクスト（文章）」です。そのような組合せの文章を読んで両者の関連性や共通点・相違点について考えるという訓練ができれば、共通テスト対策として非常に有意義であるはずです。しかし、そのような組合せの文章を見つけることは、受験生にとって簡単ではないでしょう。もちろん、図書館やインターネットなどで

調べることもできないことはありませんが、相当な手間がかかります。

そこで、**先生の助けを借りてみてはどうでしょうか。**たとえば、授業後に「きょう読んだ文章に関連する文章があったら教えてほしい」と頼むのです。そうやって文章を手に入れたらすぐに読み、関連性・共通点・相違点などを自分なりにまとめてまた先生のところへ行き、自分の考えが適切かどうか聞いてみましょう。

えっ、「そんなめんどうなことの相手をしてくれる先生はいない」ですって？　いや、そんなことはありません。なぜなら、先生たちも共通テストのための指導を今後どうしていくべきか模索中だからです。みなさんの共通テスト対策の相手をすることは、先生にとっても今後のための勉強になることなのですから、いやがる人は、少なくともまともな先生の中にはいないはずです。変な話ですが、みなさんとちがって先生たちは今後何年も、もしくは何十年も共通テスト対策指導をしなければならないのですから、ある意味、みなさん以上に真剣です。**学校の先生でも予備校などの先生でも、最低1人は信頼できる先生を見つけて親しくなっておきましょう。**

おわりに

以上、私なりに古文・漢文の対策を述べてきましたが、要約すると「**知識を身につけてたくさん読め**」という、きわめてオーソドックスな結論に落ち着きます。もっと技術的な、あるいは裏技的なことを期待していた人にとっては少々期待はずれだったかもしれません。でも、そういうのは後回しでよいのです。まずは正攻法で読めるようになることをめざしましょう。正攻法が身につく前に裏技に手を出してもろくなことになりません。**正攻法あっての裏技です。**

私は、共通一次試験が大学入試センター試験にリニューアルされた3年めに大学受験を経験した年代です。

でも、リニューアル直後で不安だったかというと、じつは全然そんなことはありませんでした。第1回センター試験の問題は共通一次とあまり変わらず、また、そもそも私はセンター試験の結果を利用する予定もなかったからです。そのころはセンター試験の結果を利用できる私立大が非常に少なかったので、国公立大志望者以外はあまり受験しませんでした。私は私立大志望だったので、対策もせずにいちおう受けただけだったのです。

それにくらべると、今回のセンター試験から共通テストへのリニューアルは、問題自体もそれなりに変化することが予想されますし、国公立大志望者だけでなく私立大志望者にとっても非常に重要な試験なのですから、みなさんの不安はきっと大きいでしょう。でも、そういうときこそ、根本《こんぽん》に立ち返るべきなのです。**ほんとうに実力のある人にとっては、設問形式など関係ないはず**なのです。古文も漢文も、ちゃんと読めればちゃんと得点できるはずなのです。小手先のテクニックや不確実な情報に惑わされず、しっかりと「**王道の勉強法**」を心がけて学習していってください。みなさんが志望校に合格できるよう、応援しています。

MEMO

MEMO

MEMO

MEMO

MEMO

MEMO

新野　元基（しんの　もとき）〔編著者〕
東京大学文学部卒業。大手進学塾で高校入試対策の責任者を務め、大学入試英語の指導も行なう。現在、河合塾講師・受験コンサルタント。河合塾ではおもに東大・京大・一橋大クラスを担当し、模試作成や教材作成にも携わる。
＊〔著者〕の紹介は本文に記載。

思考力《しこうりょく》・判断力《はんだんりょく》・表現力《ひょうげんりょく》が身《み》につく
共通《きょうつう》テスト　王道《おうどう》の勉強法《べんきょうほう》

2020年10月９日　初版発行

編著者／新野《しんの》　元基《もとき》
著者／伊東《いとう》　敦《あつし》・安達《あだち》　雄大《ゆうた》・磯村《いそむら》　義高《よしたか》・玉虫《たまむし》　良明《よしあき》・
樹葉《きば》　瑛士《えいじ》・太田《おおた》　信頼《しんらい》・木本《きもと》　祐介《ゆうすけ》・山口《やまぐち》　良二《りょうじ》・
松本《まつもと》　聡《さとる》・佐々木《ささき》　洋一郎《よういちろう》

発行者／青柳　昌行

発行／株式会社KADOKAWA
〒102-8177　東京都千代田区富士見2-13-3
電話　0570-002-301（ナビダイヤル）

印刷所／株式会社加藤文明社印刷所

ISBN 978-4-04-604497-6　C7030